これなら
税務署も納得！

弁護士・税理士
谷原 誠 ［著］

逆転裁決に学ぶ 税務調査の立証ポイント

ぎょうせい

はじめに

　国税不服審判所は本部のほか、全国に12の支部、7の支所があり、適正かつ迅速な事件処理を通じて、納税者の正当な権利利益の救済を図るとともに、税務行政の適正な運営の確保に資することを使命としている。

　国税不服審判所の統計によると、令和4年度の審査請求の処理件数は3,159件であり、同年度に処理された件数のうち、納税者の主張が何らかの形で受け入れられた件数（認容件数）は225件（一部認容153件、全部認容72件）で、その割合は7.1％であって、一定程度の課税処分が取り消され、課税処分の過誤が是正されている。なお、令和3年度において、納税者の主張が何らかの形で受け入れられた割合は、13.0％である。

　課税処分がなされた場合の不服申立手段としては、再調査の請求と審査請求及び訴訟がある。しかし、課税処分がなされた場合に、納税者及び税理士が、当該処分が取り消しうるものかどうか、どのような主張立証活動をすればよいのかを判断するのは難しい問題である。

　判例・裁決例評釈をする場合、証拠を分析しないことが一般的であるので、事実認定には踏み込まないことが通常である。しかし、本書では、令和元年以降に出された裁決の中から、国税不服審判所のホームページで公開された処分を取り消した20の公表裁決をピックアップし、裁決例がどのような事実を重視して事実認定をしたのか、また、納税者は、どのような視点から事実を探し出し、主張立証すればよいのか、という点に焦点を当てて執筆した。

　各裁決例を紹介するにあたり、本書では、①事案の概要、②争点、③原処分庁の主張、④裁決、⑤立証ポイント、の順番で構成している。

原処分庁がどのような事実を抽出して否認をし、それに対して裁決は、どのような事実を重視して原処分庁の主張を覆したかがわかるようにとの考慮からである。

　本書は、裁決例の分析であるが、課税処分が取消となった理由を探ることによって、税務調査の段階で税務職員から税務処理を否認された際の反論根拠を探す一助にもなりうるものと期待したい。

　なお、裁決文については、ポイントをつかみやすいように要約している。全文を読みたい方は、原文にあたっていただきたい。

　令和5年10月

　　　　　　　　　　　弁護士　谷　原　　誠

目　次

CONTENTS

他の相続人が行った相続財産の隠蔽行為

令和4年6月24日裁決

相続税の申告について、他の相続人が行った相続財産の隠蔽行為を請求人の行為と同視することができるとして、原処分庁が重加算税の賦課決定処分を行った事案

事案の概要

1　F（以下「本件被相続人」という。）は、平成29年11月○日（以下「本件相続開始日」という。）に死亡し、本件被相続人に係る相続（以下「本件相続」という。）が開始した。

2　相続人は、本件被相続人の配偶者であるG（以下「本件母」という。）及び長男である請求人の2名である。

　　なお、本件母は、株式の取引経験はなかった。

3　請求人及び本件母は、本件相続に係る相続税の申告について、申告書の作成を含めた税務代理をH税理士法人に依頼した。

4　H税理士法人のJ税理士（以下「本件税理士」という。）は、相談に訪れた請求人及び本件母に対し、相続財産を把握するため、本件被相続人宛の郵便物を調べるとともに、証券会社から株式に係る残高証明書を取得して提出するよう指示した。

5　本件母は、自宅に届いた配当通知書等の郵便物の内容を確認することにより把握した本件被相続人名義、本件被相続人の実父であり請求人の祖父であるK（すでに死亡。以下「本件祖父」という。）名義、本件被相続人の実母であり請求人の祖母であるL（すでに死亡。以下「本件祖母」といい、本件祖父と併せて「本件先代」という。）名義及び請求人名義の各株式について、銘柄、株式数及び配当金額等を2冊のノート（以下「本件各ノート」という。）に記載していた。

6 　請求人は、多忙を理由として、本件被相続人宛の郵便物から本件被相続人の財産を把握して残高証明書を取得することは本件母に委ね、自らは、M税理士から依頼を受けて、M税理士が自宅を訪れた際に本件母が取得した残高証明書や証券会社から送付された取引残高報告書を渡す役割を担った。

7 　本件母は、本件祖父名義の株式及び本件被相続人名義の株式について、株主名簿管理人である信託銀行に対して管理口座を本件母名義の口座へ振り替える手続（以下「本件口座振替手続」という。）を行った。

　また、本件被相続人名義の株式について、単元未満株式の買取りを求める手続（以下「本件買取請求手続」という。）を行った。

8 　請求人及び本件母は相続税の申告をしたが、当初申告において申告した株式は、いずれも本件被相続人名義の株式であった。

9 　税務調査が行われ、原処分庁所属の調査担当職員（以下「本件調査担当職員」という。）は、本件母に対し、本件各ノートに記載があるにもかかわらず、本件税理士に株主名簿管理人が発行する所有株式数証明書等が提出されず、相続財産として本件当初申告書に計上されなかった株式がある旨を指摘した。

10 　請求人は、本件調査担当職員の指摘を受けて、修正申告書を提出したところ、原処分庁は、重加算税賦課決定等をした。

争 点

(1) 　本件母に隠蔽又は仮装行為があったか。

(2) 　本件母の隠蔽行為が請求人の行為と同視できるか。

原処分庁の主張

1 　本件母には、通則法第68条第1項に規定する「隠蔽し、又は仮装

し」に該当する事実があった。

　そして、請求人は、本件当初申告書を作成するための株式に係る残高証明書の収集を本件母に委任していたところ、その選任及び監督につき請求人に過失がないとする特段の事情はないことから、請求人の行為は、本件母の行為と同視できるものと認められる。

　よって、請求人にも、通則法第68条第1項に規定する「隠蔽し、又は仮装し」に該当する事実があった。

2　本件母は、本件相続が開始した後、名義人ごとの株式一覧を本件各ノートに記載するなどして、本件各株式を含む相続財産を管理していたのであり、本件母は、証券会社に保管されていない株式が存在し、株主名簿の管理機関である各信託銀行に保管されていたことも十分に認識していた。

3　本件税理士は、本件相続税の相談に応じた際、請求人及び本件母に対し、本件被相続人以外の名義となっている財産であっても、原資が本件被相続人によるものや本件被相続人が管理運用していたものなどは、本件被相続人の財産となることの説明をした。

　したがって、本件母は、遅くとも本件当初申告の時点において、本件各株式が本件被相続人の相続財産である旨を認識していたと認められる。

4　本件税理士は、請求人及び本件母に対し、上記2の説明をした際、株式等について、証券会社から残高証明書を取得するよう指示していた。

　本件各株式に関する資料及び本件各株式の内容を記載した本件各ノートがあるにもかかわらず、本件母は、本件各株式に関する資料及び本件各ノートを本件税理士に提出しなかったのは、当初から相続財産を過少に申告することを意図し、その意図を外部からもうかがい得る特段の行動をした上、その意図に基づき過少申告をしたものである。

裁　決

1　法令解釈

　重加算税を課するためには、納税者のした過少申告行為そのものが隠蔽、仮装に当たるというだけでは足りず、過少申告行為そのものとは別に、隠蔽、仮装と評価すべき行為が存在し、これに合わせた過少申告がされたことを要するものである。しかし、上記の重加算税制度の趣旨に鑑みれば、架空名義の利用や資料の隠匿等の積極的な行為が存在したことまで必要であると解するのは相当でなく、納税者が、当初から所得を過少に申告することを意図し、その意図を外部からもうかがい得る特段の行動をした上、その意図に基づく過少申告をしたような場合には、重加算税の上記賦課要件が満たされるものと解すべきである（最高裁平成7年4月28日第二小法廷判決・民集49巻4号1193頁参照）。

　また、通則法第68条第1項は、重加算税の賦課要件として、隠蔽又は仮装行為の行為者について「納税者」と規定しているところ、重加算税制度の趣旨に鑑みれば、納税者以外の者が隠蔽又は仮装行為を行った場合であっても、それが納税者本人の行為と同視することができるときには、当該納税者に対して重加算税を賦課することができると解される。これを相続税についてみると、納税者が、相続税の課税標準等又は税額等の計算の基礎となるべき事実の把握を他の共同相続人に委任した場合に、当該共同相続人が、国税の課税標準等又は税額等の計算の基礎となるべき事実の全部又は一部について隠蔽又は仮装の行為を行い、それに基づいて過少申告が行われたときは、その共同相続人の選任及び監督について、納税者に過失がないと認められる等の特段の事情がある場合を除き、当該共同相続人の行為を納税者の行為と同視して、納税者に重加算税を賦課することができると解するのが相当である。

2 判　断

(1)　本件本人名義株式について

　本件各ノートに関しては、本件本人名義株式を含む本件被相続人名義の株式について乱雑に記載されている上、本件被相続人名義の株式に関する情報についても、本件各ノートの様々なページに分散して、整理されないまま記載されており、こうした状況からすれば、本件各ノートは、本件母において単なる備忘メモ的なものとして使用されていたと考えられる。

　そして、本件本人名義株式のうち別表1の順号1ないし順号4の株式については、本件被相続人旧住所が住所地として登録されていたという共通点がある。別表1の順号1及び順号3の株式については、同じ株主名簿管理人から所有株式数証明書を取得した他の株式とは登録された住所地が異なっていたことから、所有株式数証明書に記載されず、本件被相続人旧住所で再度交付申請する必要があると本件母に認識されないまま、見逃された可能性がある。また、別表1の順号2の株式については、当該株式を保管する証券会社がなく、株主名簿管理人も信託銀行ではないなど、他の株式とは異なっていたことから、所有株式数証明書が取得されないまま見逃された可能性がある。さらに、別表1の順号1及び順号4の株式については、株主名簿管理人又は証券会社からそれぞれ同一銘柄の他の株式に係る所有株式数証明書又は残高証明書等を既に取得済みであったことから、同順号1及び順号4の株式についてのみ、別途、所有株式数証明書を取得する必要があることを認識されないまま、見逃された可能性がある。加えて、別表1の順号5ないし順号9の非上場株式に係る所有株式数証明書などの交付申請は、株式の発行会社又は株主名簿管理人に依頼する必要があったが、本件母は、本件税理士らから、証券会社とは別に株式の発行会社等に交付申請しなければならない場合があることについて教示されておらず、むしろ、株式については証券会社から残高証明書等を取得

して提出するよう指示を受けて、本件税理士の指示どおりに証券会社から残高証明書等を取得したのであるから、これで本件被相続人名義の株式については全て把握できたと誤認した可能性も否定できない。

これらの事情や、上記のとおり、本件各ノートが単なる備忘メモ的なものであったと考えられることからすると、本件各ノートの記載内容がよく顧みられないまま交付申請が行われたことにより、本件本人名義株式の所有株式数証明書などが取得されずに、本件当初申告書に計上されなかった可能性も否定できない。

以上に加えて、本件母は、本件被相続人宛の郵便物から判明した証券会社に管理委託されていた本件被相続人名義の株式については、全て残高証明書等を取得して本件当初申告書に相続財産として計上し、本件税理士から指示のなかった所有株式数証明書についても、株主名簿管理人から一部取得し、取得したものは全て本件税理士らに提出し、本件調査の際には、本件調査担当職員に対して、調査の一助とすべく自発的に本件各ノートを提出している。また、本件被相続人名義の株式のうち、残高証明書等及び所有株式数証明書を取得したと認められるもの以外のものについても、請求人及び本件母がこれらを取得したにもかかわらず、本件税理士らに提出しなかったものがあったとは認められない。そして、本件母が取得して、請求人及び本件母が本件税理士らに提出した所有株式数証明書については、その一部は本件税理士により所有株式数証明書の株式が本件当初申告書に計上されなかったものの、所有株式数証明書自体は全て本件当初申告書に添付されていた。

これらを併せ検討すると、本件母において、本件被相続人名義の株式に係る残高証明書等及び所有株式数証明書などを漏れなく取得しているか、本件当初申告書に計上した財産と本件税理士らに提出した残高証明書等及び所有株式数証明書の内容とが一致しているかなどの確認を怠ったことは認められるものの、本件本人名義株式を相続税の申

告財産から除外するために、あえて所有株式数証明書などを取得しなかった又は本件税理士に本件各ノート等の資料を提出しなかったとまでは認め難い。その他、当審判所の調査及び審理の結果によっても、本件母が、本件本人名義株式に係る所有株式数証明書などを取得せず、本件税理士らに本件各ノート等の資料を提出しなかった行為について、隠蔽の行為そのものであるとか、当初から相続財産を過少に申告することを意図した上、その意図を外部からもうかがい得る特段の行動に出たものと認めるに足る事情は認められない。

(2)　本件先代名義株式について

　本件先代名義株式を含む本件先代の相続に係る財産については、本件被相続人と本件叔父との間で清算が完了しないまま本件相続が開始したこと、未清算であった本件先代の相続に係る財産のうち預金については、本件当初申告までに清算が完了し、当該清算に基づいて本件当初申告書において相続財産に計上されていること、本件先代名義株式は、その種類も多い上、本件先代の遺産分割協議書の記載から株式数等に変動もあって、当該株式を把握すること自体困難であったこと、本件当初申告書を提出するまでに、請求人及び本件母と本件叔父との間で、本件先代名義株式の帰属について協議が整わなかったことが認められる。また、請求人及び本件母は、本件税理士から本件先代の相続に係る遺産分割協議書の写しを渡されたものの、それ以上の具体的な指示を受けていないこと、本件税理士らから本件先代名義株式について資料提出を促されなかったことなどの各事情があった。これらのことから、本件母において、本件叔父との間でその帰属が具体的に決まらない状態であった本件先代名義株式について、本件当初申告に当たり、本件被相続人に帰属するものであることが明らかになるまで申告する必要がないと誤解した可能性は否定できない。

　なお、本件税理士は、本件母に対し、本件被相続人以外の名義であっ

ても本件被相続人が管理運用していたものは相続財産になり得る旨の説明をしているものの、当該説明について書面も交付せず口頭で説明したにすぎないことや、その後の本件税理士らの対応等からすれば、本件母が上記のような誤解をしたとしても不思議ではない。

　さらに、本件各ノートは単なる備忘メモ的なものにすぎない上、本件母は、本件調査の際には、本件調査担当職員に対して調査の一助とすべく自ら本件各ノートを提出するなどしている。

　以上の事情を勘案すると、本件母において、本件先代名義株式を相続税の申告財産から除外するために、あえて所有株式数証明書を取得しなかったものとは認め難く、その他、当審判所の調査及び審理の結果によっても、本件母が、本件先代名義株式に係る所有株式数証明書を取得せず、本件税理士らに本件各ノート等の資料を提出しなかった行為について、隠蔽の行為そのものであるとか、当初から相続財産を過少に申告することを意図した上、その意図を外部からもうかがい得る特段の行動に出たものと認めるに足る事情は認められない。

(3) 本件請求人名義株式について

　本件母は、請求人から、本件請求人名義株式に係る株主優待券を借り受けたことがある旨答述していることや、本件各ノートが単なる備忘メモ的なものにすぎないことなどに照らすと、本件税理士が、本件母に対し、本件被相続人以外の名義であっても原資が本件被相続人のものや、本件被相続人が管理運用していたものは相続財産になり得る旨口頭で説明したことがあった点を考慮しても、本件母が、本件請求人名義株式は請求人に帰属するものと考えて、残高証明書等及び所有株式数証明書を取得しなかった可能性は否定できない。

　さらに、本件母は、本件調査の際には、本件調査担当職員に対して調査の一助とすべく自ら本件各ノートを提出するなどしている。

　以上の事情を勘案すると、本件母において、本件請求人名義株式を

相続税の申告財産から除外するために、あえて残高証明書等及び所有株式数証明書を取得しなかったものとは認め難く、その他、当審判所の調査及び審理の結果によっても、本件母が、本件請求人名義株式に係る残高証明書等及び所有株式数証明書を取得せず、本件税理士らに本件各ノート等の資料を提出しなかった行為について、隠蔽の行為そのものであるとか、当初から相続財産を過少に申告することを意図した上、その意図を外部からもうかがい得る特段の行動に出たものと認めるに足る事情は認められない。

立証ポイント

1　本件は、国税通則法第68条第1項に規定する重加算税の賦課要件を満たすか否かが争点となった事案である。同項の要件を満たすためには、「国税の課税標準等又は税額等の計算の基礎となるべき事実の全部又は一部を隠蔽し、又は仮装」していることが必要となる。

　　そして、重加算税を課するためには、納税者のした過少申告行為そのものが隠ぺい、仮装に当たるというだけでは足りず、過少申告行為そのものとは別に、隠ぺい、仮装と評価すべき行為が存在し、これに合わせた過少申告がされたことを要する（最高裁平成7年4月28日判決）。

　　では、どのような行為が隠ぺい、仮装と評価されるのか、については、和歌山地裁昭和50年6月23日判決（TAINS　Z082－3588）が、「不正手段による租税徴収権の侵害行為を意味し、「事実を隠ぺい」するとは、事実を隠匿しあるいは脱漏することを、「事実を仮装」するとは、所得.財産あるいは取引上の名義を装う等事実を歪曲することをいい」いずれも行為の意味を認識しながら故意に行うことを要するものと解すべきである。」としており、「課税処分に当たっての留意点」（平成25年4月　大阪国税局　法人課税課、TAINS H250400課税処分留意点178頁）において、「『隠蔽』とは、課税標

準等又は税額の計算の基礎となる事実について、これを隠蔽し、あるいは故意に脱漏することをいい、また『仮装』とは、財産あるいは取引上の名義等に関し、あたかも、それが真実であるかのように装う等、故意に事実を歪曲することをいう（名古屋地裁昭和55年10月13日判決）」としている。

2　本件裁決では、納税者以外の者が隠蔽又は仮装行為を行った場合について、その行為が納税者本人の行為と同視することができるときには、当該納税者に対して重加算税を賦課することができるとした上で、相続税の場合には、納税者が、相続税の課税標準等又は税額等の計算の基礎となるべき事実の把握を他の共同相続人に委任した場合に、当該共同相続人が、国税の課税標準等又は税額等の計算の基礎となるべき事実の全部又は一部について隠蔽又は仮装の行為を行い、それに基づいて過少申告が行われたときは、その共同相続人の選任及び監督について、納税者に過失がないと認められる等の特段の事情がある場合を除き、当該共同相続人の行為を納税者の行為と同視して、納税者に重加算税を賦課することができるとの判断基準を示した。

　　しかし、結論としては、本件母に隠蔽又は仮装行為は認められないとして、処分を取り消したため、本件母の行為が請求人の行為と同視できるかどうかについては判断されなかった。

　　この点、納税者が税理士に対して税務申告を委任し、税理士が隠蔽又は仮装行為を行った場合について判断した最高裁平成18年4月20日判決（判例時報1939号12頁、TAINS Z256－10374）は、「納税者が税理士に納税申告の手続を委任した場合についていえば、納税者において当該税理士が隠ぺい仮装行為を行うこと若しくは行ったことを認識し、又は容易に認識することができ、法定申告期限までにその是正や過少申告防止の措置を講ずることができたにもかかわらず、納税者においてこれを防止せずに隠ぺい仮装行為が行われ、

それに基づいて過少申告がされたときには、当該隠ぺい仮装行為を納税者本人の行為と同視することができ、重加算税を賦課することができると解するのが相当である。」との判断基準を示している。

　つまり、最高裁判決では、①認識可能性、②回避可能性を問題にしているのに対し、本件裁決例では、「選任及び監督についての過失の有無」を問題にしており、本人の行為と同視されるための着眼点を異にしている。

　審査請求をする場合には、本件裁決の判断基準及び上記最高裁の判断基準のどちらかの判断基準が採用されることがあることを念頭に置いて主張立証をすべきである。

3　本件では、各株式が相続財産から除外されているが、積極的な隠蔽又は仮装行為がされているわけではないため、「納税者が、当初から所得を過少に申告することを意図し、その意図を外部からもうかがい得る特段の行動をした上、その意図に基づく過少申告をしたような場合には、重加算税の上記賦課要件が満たされるものと解すべきである（最高裁平成7年4月28日第二小法廷判決・民集49巻4号1193頁参照）」との判断基準が採用されている。

　そして、本件母が「当初から所得を過少に申告することを意図」していたかどうかを判断するため、本件各ノートにより各株式が相続財産であることを認識できたかどうかを問題にするために本件各ノートの位置づけを検討している。そして、本件各ノートに関しては、本件本人名義株式を含む本件被相続人名義の株式について乱雑に記載されている上、本件被相続人名義の株式に関する情報についても、本件各ノートの様々なページに分散して、整理されないまま記載されていることから、本件各ノートが単なる備忘メモ的なものにすぎないとの認定を行った。そして、本件各ノートの記載内容がよく顧みられないまま所有株式数証明書などの交付申請が行われたことにより、本件本人名義株式の所有株式数証明書などが取得され

ずに、本件当初申告書に計上されなかった可能性も否定できないと
した。この結果、本件各ノートに脱漏した株式があったとしてもそ
れだけで過少申告の意図を認定することができないこととされてい
る。本件ノートがあったとしても、各株式が相続財産であることを
認識できないことがありうるという認定である。

　また、本件母は、本件調査の際には、本件調査担当職員に対して
調査の一助とすべく自ら本件各ノートを提出するなどしていること
も認定されているが、本件母が、隠蔽又は仮装の故意を有していた
ならば、自ら本件株式の脱漏が発覚するような本件各ノートを調査
担当職員に対して提出することは経験則に反する行為であり、隠蔽
又は仮装の意図の一貫性と矛盾する行為ということになる。

　さらに、取得した所有株式数証明書は、全て税理士に提出してい
るが、ここからも隠蔽又は仮装の行為を読み取ることはできない。

　そして、最終的には、「納税者が、当初から所得を過少に申告す
ることを意図し、その意図を外部からもうかがい得る特段の行動を
した上、その意図に基づく過少申告をした」との心証を得られなかっ
たことから、立証責任の分担により、重加算税の賦課要件を満たさ
ないとの結論となったものである。

立証責任

　本書で取り上げた裁決例では、原処分庁が課税要件事実を立証でき
なかったことにより、処分が取り消されたものが複数存在する。そこ
で、ここで立証責任について取り上げておきたい。

　審査請求においては、納税者と原処分庁がそれぞれ主張立証を尽く
すことになる。しかし、事実があるかどうか認定できない、という場
合がある。このような場合に、いずれか一方の当事者が負う不利益又
は負担のことを「立証責任」という。例えば、重加算税の賦課要件の
立証責任が原処分庁にある場合に、隠蔽又は仮装の行為を認定できな

い場合には、立証責任を負う原処分庁が不利益を負うことになり、処分が取り消される結果となる。

要件事実の立証責任の分配については、主に3つの説がある。

(1) 法律要件分類説といい、民事訴訟における立証責任の分配に関する通説である。行政処分の権利発生事実は行政庁が、権利障害及び消滅事実は国民が立証責任を負うとする説である。取消を求められた行政処分（更正）が法規を適用した行政処分であるときは、国が立証責任を負い、法規の適用を拒否した行政処分であるときは、国民が立証責任を負う、という説明もできる。

(2) 当事者の公平、事案の性質、事物に関する立証の難易等によって具体的な事案についていずれの当事者に不利益に判断するかを決定する説である。

(3) 国民の自由を制限し、又は国民に義務を課する行政処分の取消を求める訴訟では国が立証責任を負い、国民の側から国に対して自己の権利領域を拡張することを求める請求をする訴訟では、国民が立証責任を負うとする説である。

裁判例においては、必ずしもいずれの説によるか名言しないものが多いものの、おおむね(1)の法律要件分類説によるものが多いと言われている。

最高裁判決は、所得税事案に関し、「所得の存在及びその金額について決定庁が立証責任を負うことはいうまでもないところである」（最高裁昭和38年3月3日判決、月報9巻5号668頁）としており、課税要件事実の主張立証責任は国にあるとしている。

しかし、課税要件事実の立証責任が原処分庁側にあるからといって、納税者において何らの立証活動をしなくてよいわけではない。裁判例においても、「必要経費について、控訴人が行政庁の認定額をこえる多額を主張しながら、具体的にその内容を指摘せず、したがって、行

政庁としてその存否・数額についての検証の手段を有しないときは、経験則に徴し相当と認められる範囲でこれを補充しえないかぎり、これを架空のもの（不存在）として取り扱うべきものと考える」（広島高裁岡山支部昭和42年4月26日判決行集18巻4号614頁）としたもの、「被告が右の調査に基づく一応の立証を尽くした以上、被告の認定しえた額を超える多額を主張する原告が具体的にその支払額、相手方等を明らかにしえない限り、本件各土地の売買により発生した譲渡所得が原告に帰属するものと認められてもやむを得ないというべきである」（岡山地裁昭和44年7月10日判決、判例時報590号29頁）としたものなどがある。したがって、納税者としても、課税要件事実の立証を妨害するための立証活動を尽くすべきである。

　また、一般経費については国に立証責任を課すものの、特別経費については、納税者に立証責任がある、とする裁判例がある。例えば、利息について、「一般に必要経費の点も含め課税所得の存在については課税庁に立証責任があると解されるが、必要経費の存在を主張、立証することが納税者にとって有利かつ容易であることに鑑み、通常の経費についてはともかくとして、利息のような特別の経費については、その不存在につき事実上の推定が働くものというべく、その存在を主張する納税者は右推定を破る程度の立証を要するものと解するのが公平である。」（大阪高裁昭和46年12月21日判決、税務訴訟資料63号1233頁）とするもの、訴訟費用について、「所得の存在およびその金額について課税庁が立証責任を負うことはいうまでもないから、必要経費についても課税庁に立証責任があると解されるが、必要経費の存在を主張、立証することは納税者にとって有利かつ容易であるところからすると、公平の観念に照らし、通常の経費についてはともかく、訴訟費用のような特別の経費、すなわち、事実上不存在の推定が働くような特別の経費については、その存在を主張する納税者が石推定を破る程度の立証を要するものと解するのが相当である」（神戸地裁昭

和53年9月22日判決、訴訟月報25巻2号501頁）とするものがあるので、個別の争点について、どちらに立証責任があるのかを把握することも必要である。

証明度

　事実認定においては、立証責任を負担する当事者が、「どの程度まで立証」すれば、証明できたことになるのか、という「証明度」も考える必要がある。立証責任を負担する者の立証が、証明度に達しないときは、その主張する事実が認定できず、不利益又は負担を負うことになる。課税要件事実でいえば、原則として原処分庁が立証責任を負い、その立証が証明度に達しない場合、課税要件事実の認定ができず、処分が取り消されることとなる。

　証明度に関しては、「ルンバール事件」の最高裁昭和50年10月24日判決（民集29巻9号1417頁）がある。この事件は、化膿性髄膜炎に罹患した幼児の治療として、医師が「ルンバール」という治療をした後に幼児にけいれん発作等及び知能障害等の病変が生じたことについて、同病変等がルンバール施術のショックによる脳出血によるものと認定できるかどうかが争われた事案である。

　この事案において、最高裁は、証明度について、「訴訟上の因果関係の立証は、一点の疑義も許されない自然科学的証明ではなく、経験則に照らして全証拠を総合検討し、特定の事実が特定の結果発生を招来した関係を是認しうる高度の蓋然性を証明することであり、その判定は、通常人が疑を差し挟まない程度に真実性の確信を持ちうるものであることを必要とし、かつ、それで足りるものである」と判示した。

　したがって、審査請求をするかどうか検討するにあたっては、原処分庁の収集した証拠が、この証明度に達しているかを吟味する必要がある。

事例

2 被相続人名義の貯金の脱漏

令和4年5月10日裁決

> 審査請求人が、相続税の申告について、被相続人名義の貯金を申告しなかったことについて、原処分庁が重加算税の賦課決定をした事案

事案の概要

1　F（以下「本件被相続人」という。）は、平成30年11月○日（以下「本件相続開始日」という。）に死亡し、その相続（以下「本件相続」という。）が開始した。本件相続に係る共同相続人は、本件被相続人の妻である請求人及び本件被相続人の長男であるG（以下「本件長男」といい、請求人と併せて「本件相続人ら」という。）の2名である。

2　本件相続人らは、本件相続の開始後、間もなく、本件相続に係る相続税の申告書の作成（以下「本件業務」という。）を税理士法人H（以下「本件会計事務所」という。）に依頼した。本件会計事務所における本件業務の担当税理士はJ（以下「本件税理士」という。）であり、主な担当事務員はK（以下「本件事務員」という。）であった。

3　請求人は、平成31年1月8日に、L銀行A支店の本件被相続人名義の預金口座について、翌9日には、M銀行B支店及びN信用金庫C支店の本件被相続人名義の各預金口座について、それぞれ本件相続開始日現在の残高証明書を上記の各金融機関から取得した（以下、「本件各預金」といい、本件各預金の口座を「本件各預金口座」という。）。なお、本件各預金口座に係る本件相続開始日現在の残高の合計は281,843,369円である。

4　請求人は、平成31年1月8日及び同月29日に、Pを訪れ、Q銀行の本件被相続人名義の貯金（以下「本件貯金」といい、本件貯金

に係る貯金口座を「本件貯金口座」という。）について、Q銀行の
請求人名義のD貯金口座（以下「本件請求人貯金口座」という。）
に払い戻す相続手続を行ったが、いずれの日においても残高証明書
の発行は依頼しなかった。

5　本件貯金口座は、平成31年2月5日に解約され、その払戻金
13,331,345円（以下「本件払戻金」という。）は、本件請求人貯
金口座に入金された。

　なお、請求人は、本件請求人貯金口座の通帳（以下「本件通帳」と
いう。）に印字された本件払戻金の入金を示す金額の脇に、「相続」
及び「Fより」という文字を手書きで記載した。

6　請求人は、相続税の申告書（以下「本件申告書」という。）を令
和元年9月9日に原処分庁に提出したが、本件申告書の第11表（相
続税がかかる財産の明細書）及び本件申告書に添付されている遺産
分割協議書（以下「本件遺産分割協議書」という。）には、いずれも「貸
付金R保険料」という名目の財産が記載されているが、Q銀行の貯
金に係る記載はない。

　なお、上記の「貸付金R保険料」とは、本件相続人らをそれぞれ
契約者とするRに係る保険契約について、本件相続開始日までの
保険料に相当する金額（請求人分5,896,667円及び本件長男分
5,076,237円）を、本件被相続人が本件相続人らに貸し付けてい
たものである。

7　請求人は、原処分庁所属の調査担当職員による調査を受けた後、
令和2年12月22日、本件貯金の申告漏れがあったなどとして、修
正申告書を原処分庁に提出した。

8　原処分庁は、請求人が、本件貯金は本件被相続人の財産であると
知りながら、これを隠蔽して本件申告をしたとして、令和3年1月
26日付で、請求人に対し、重加算税の賦課決定処分をした。

争点

請求人が本件貯金口座を相続財産に含めなかったことは、通則法第68条第1項に規定する重加算税の賦課要件を満たすか否か。

具体的には、次の2点が争点となる。

(1) 本件貯金口座の残高証明書を取得しなかったことは過少申告の故意に基づくか。

(2) 請求人は本件貯金の存在を本件会計事務所に故意に伝えなかったのか。

原処分庁の主張

1 本件貯金に係る請求人の行動について

請求人は、本件事務員から本件被相続人の預金口座等に係る残高証明書を取得するよう指示を受けたことから、本件各預金口座については、平成31年1月8日又は翌9日に相続手続を行うことなく、残高証明書を取得したにもかかわらず、本件貯金口座については、同月8日及び同月29日にPで本件貯金に係る相続手続を行い、残高証明書を取得しなかった。

このように、請求人は、本件貯金についてのみ明らかに特異な行動をしていた。

2 本件貯金の存在の不告知について

次のイないしニに掲げることからすれば、請求人は、本件事務員との打合せや遺産分割協議の際に、本件貯金の存在を認識するとともに、本件会計事務所に残高証明書等の本件貯金に係る資料を交付していない事実についても認識していたと認められる。

それにもかかわらず、請求人は、本件会計事務所に対して本件貯金の存在を伝えなかった。

　イ　請求人が本件各預金口座の残高証明書を本件事務員に交付した

のは、請求人が本件貯金の相続手続をして間もない時期であった
から、その際、請求人は、本件貯金に係る資料を本件会計事務所
に交付していない事実を確実に認識していた。

ロ　また、請求人は、本件請求人貯金口座の入金状況等を本件通帳
で随時確認しており、本件払戻金については、入金確認後、入金
理由を忘れないよう本件通帳に「相続」及び「Fより」とのメモ
を記載した。

ハ　さらに、請求人が、本件遺産分割協議書や本件申告書を確認す
る際に「貸付金R保険料」との記載を目にしていることや、Rか
ら本件請求人貯金口座に定期的な入金があることなどからする
と、請求人は、その都度、本件貯金の存在を認識していたと推認
される。

ニ　加えて、本件被相続人の相続財産に「貸付金R保険料」が含ま
れていることからすると、本件税理士及び本件事務員は、本件申
告書の作成過程で、本件被相続人に係るQ銀行の貯金の有無を請
求人に確認していたと推認される。

3　まとめ

上記1及び2に照らせば、請求人は、本件貯金の価額を課税価格に算
入せずに本件申告を行う意図の下、あえて残高証明書を取得しないな
ど、本件会計事務所に対して本件貯金の存在を秘匿したと認められる。

したがって、請求人は、当初から相続財産を過少に申告することを
意図し、その意図を外部からもうかがい得る特段の行動をしたといえ
る。

裁　決

1　法令解釈

通則法第68条第1項に規定する重加算税の制度は、納税者が過少申

告をするについて隠蔽、仮装という不正手段を用いていた場合に、過少申告加算税よりも重い行政上の制裁を科することによって、悪質な納税義務違反の発生を防止し、もって申告納税制度による適正な徴税の実現を確保しようとするものである。

　したがって、重加算税を課するためには、納税者のした過少申告行為そのものが隠蔽、仮装に当たるというだけでは足りず、過少申告行為そのものとは別に、隠蔽、仮装と評価すべき行為が存在し、これに合わせた過少申告がされたことを要するものである。しかし、上記の重加算税制度の趣旨に鑑みれば、架空名義の利用や資料の隠匿等の積極的な行為が存在したことまで必要であると解するのは相当でなく、納税者が、当初から相続財産を過少に申告することを意図し、その意図を外部からもうかがい得る特段の行動をした上、その意図に基づく過少申告をしたような場合には、重加算税の賦課要件が満たされるものと解すべきである。

2　判　断

(1)　本件貯金口座の残高証明書を取得しなかったことは過少申告の故意に基づくか

(イ)　請求人は、本件長男から本件被相続人の預金口座等の残高証明書を取得するよう依頼され、平成31年1月8日又は翌9日に本件各預金口座の残高証明書を取得しているところ、本件貯金についても、同月8日に、PにおいてUを提出していることからすれば、請求人は、当時、本件貯金が本件被相続人の相続財産であると認識していたと認められる。

(ロ)　確かに、請求人は、本件長男の依頼を受け、本件各預金口座に係る残高証明書の発行依頼を行っており、それらとほぼ時を同じくして、Pを訪れているのであるから、Pにおいてのみ残高証明書の発行依頼をしなかったというのは不自然であるともいえる。

(ハ)　しかしながら、本件払戻金の金額13,331,345円が、

①　本件各預金の総額281,843,369円の5%程度でしかないこと、

②　本件払戻金が入金された本件請求人貯金口座は、解約されることなく、本件払戻金の入金前後を通じて、請求人において継続的に使用されており、本件払戻金に相当する金銭の払出しがないこと、

③　本件被相続人の遺産のうち、請求人が取得したいと希望していたものは自宅のみであり、それ以外の財産について特段の関心があったとは認められないこと、

④　請求人は、本件調査の際、本件調査担当職員に対し、本件貯金が本件申告から漏れていた旨を自ら申し出ていることを踏まえると、本件申告からあえて本件貯金のみを除外しようとする意図が請求人にあったものとは認められない。

(ニ)　また、Pでの手続の状況からすると、請求人は、Pにおいて、残高証明書の発行依頼をしたものの、その意図が正確に伝わらないまま、Uを記入するよう案内され、本件貯金の相続手続を残高証明書の発行依頼手続と誤解した可能性や、案内されたUの記入をしているうちに、残高証明書の発行を依頼する手続を失念した可能性を否定できない。

(ホ)　請求人が、本件各預金についてはいずれも残高証明書を取得しながら、本件貯金についてのみこれを取得せず相続手続をしたことについては、上記で述べた可能性について明確に否定できない以上、これをもって特異な行動であると断ずることはできない。仮に、請求人が、本件貯金のみを本件申告から積極的に除外しようと考えていたのであれば、「貸付金R保険料」の存在自体が本件被相続人がQ銀行に係る口座を有していた可能性を示すものである上、本件貯金が保険料支払の原資になっているのであるから、本件申告書の作成・提出において、本件貯金の存在をうかがわせることになる「貸

付金Ｒ保険料」の記載に留意し、本件申告に先立ち何らかの秘匿工作をとっていてもおかしくないが、請求人がそのようなことをした形跡などもない。

(ヘ) 以上のことを総合勘案すると、請求人は本件貯金につき本件被相続人の相続財産であると認識していたと認められるものの、請求人が本件貯金口座に係る残高証明書の発行依頼をしなかったことは、請求人の故意によるものとは認め難い。

(2) 請求人が本件貯金の存在を本件会計事務所に伝えなかったことについて

(イ) 請求人は、本件貯金が本件被相続人の相続財産であると認識していたと認められるものの、この存在を本件税理士及び本件事務員のいずれに対しても伝えていない。

(ロ) しかしながら、

① 本件業務に関する打合せのほとんどが、本件事務員と本件長男との間で行われたこと、

② 本件税理士や本件事務員は、本件業務の過程で、本件相続人らに対し、本件被相続人の相続財産にＱ銀行の貯金があるか否かを確認していないこと、

③ 本件遺産分割協議書及び本件申告書の原案は本件事務員及び本件長男により作成され、請求人が令和元年９月４日までこれらの原案を見ていないこと、

④ 請求人は、令和元年９月４日及び翌５日、本件遺産分割協議書や本件申告書への押印等のため、本件長男と本件事務員との打合せに同席したものの、その際、本件事務員から本件遺産分割協議書や本件申告書の内容について入念に確認するよう指示を受けていないこと、

⑤ 請求人は、本件調査の際、本件調査担当職員に対し、本件貯金

　が本件申告から漏れていた旨を自ら申し出ていること
からすると、請求人は、本件貯金が本件被相続人の相続財産であると
認識していたものの、本件貯金が本件申告に相続財産として計上され
ていないことを認識していなかった可能性を否定できない。

　また、本件申告からあえて本件貯金のみを除外しようとする意図が
請求人にあったものとは認められないこと、当審判所の調査によって
も、請求人が、本件会計事務所に対し、本件貯金の有無に関し、虚偽
の説明を行ったことをうかがわせる証拠関係も見当たらないことも併
せ考えると、本件貯金の存在を故意に伝えなかったとまで認めること
はできない。

(3) まとめ

　上記のことからすると、請求人には、当初から相続財産を過少に申
告することを意図し、その意図を外部からもうかがい得る特段の行動
をしたものと評価すべき事情は認められず、また、他に請求人におい
て隠蔽又は仮装と評価すべき行為も見当たらない。

　したがって、本件において、請求人には、通則法第68条第1項に規
定する「隠蔽し、又は仮装し」に該当する事実があったとはいえない。

立証ポイント

1　法令解釈

　本件は、国税通則法第68条第1項に規定する重加算税の賦課要件を
満たすか否かが争点となった事案である。同項の要件を満たすために
は、「国税の課税標準等又は税額等の計算の基礎となるべき事実の全
部又は一部を隠蔽し、又は仮装」していることが必要となる。

　そして、積極的な隠蔽又は仮装行為がなかったことから、法令解釈
としては、「重加算税制度の趣旨にかんがみれば、架空名義の利用や
資料の隠匿等の積極的な行為が存在したことまで必要であると解する

のは相当でなく、納税者が、当初から所得を過少に申告することを意
図し、その意図を外部からもうかがい得る特段の行動をした上、その
意図に基づく過少申告をしたような場合には、重加算税の右賦課要件
が満たされるものと解すべきである。」（最高裁平成7年4月28日判決、
民集49巻4号1193頁、TAINS Z209－7518）が採用されている。

2　事実認定

　請求人が(1)本件貯金口座の残高証明書を取得しなかったことは過少
申告の故意に基づくとの事実認定、及び(2)請求人は本件貯金の存在を
本件会計事務所に故意に伝えなかったとの事実認定を障害する事実、
すなわち納税者に有利な事実としては、
　㈠　過少申告の意図と矛盾する行動、
　㈡　過少申告の意図がない（申告意図がある）からこそとった行動、
　㈢　隠蔽又は仮装の意思の一貫性と矛盾する行動、
　㈣　隠蔽又は仮装の意思があるならば、当然行っているであろう行
　　　動の不存在、
　㈤　過少申告の意図以外の可能性がある事情、
などが考えられる。
　裁決は、請求人が本件貯金口座の残高証明書を取得しなかったこと
について、以下のような経験則を用いて判断要素としている。
　①　本件各預金の総額281,843,369円の5%程度でしかないこと（上
　　　記㈣に該当し、過少申告する意図があるのであれば、もっと過少
　　　申告額が大きくなるのが自然である）、
　②　本件払戻金が入金された本件請求人貯金口座は、解約されるこ
　　　となく、本件払戻金の入金前後を通じて、請求人において継続的
　　　に使用されており、本件払戻金に相当する金銭の払出しがないこ
　　　と（上記㈣に該当し、過少申告する意図があるのであれば、発見
　　　が困難な口座に入金し、あるいは本件払戻金を払い戻している方

が自然である)、

③　本件被相続人の遺産のうち、請求人が取得したいと希望していたものは自宅のみであり、それ以外の財産について特段の関心があったとは認められないこと（上記(オ)に該当し、本件払戻金について特段の関心がないのであれば、申告の際、本件払戻金について失念していても不自然ではない）、

④　請求人は、本件調査の際、本件調査担当職員に対し、本件貯金が本件申告から漏れていた旨を自ら申し出ていること（上記(ウ)に該当し、指摘を受ける前に自ら申し出るのは、隠蔽又は仮装の意思が一貫していない）

　次に、請求人が本件貯金の存在を本件会計事務所に伝えなかったことは請求人の故意によるものかについては、以下のような経験則を用いて判断要素としている。

①　本件業務に関する打合せのほとんどが、本件事務員と本件長男との間で行われたこと（上記(オ)に該当し、本件貯金口座が申告書に計上されているかどうか認識しにくい）、

②　本件税理士や本件事務員は、本件業務の過程で、本件相続人らに対し、本件被相続人の相続財産にＱ銀行の貯金があるか否かを確認していないこと（上記(オ)に該当し、発覚しにくい）、

③　本件遺産分割協議書及び本件申告書の原案は本件事務員及び本件長男により作成され、請求人が令和元年9月4日までこれらの原案を見ていないこと（上記(オ)に該当し、請求人が、本件貯金口座が申告書に計上されているかどうか認識しにくい）

④　請求人は、令和元年9月4日及び翌5日、本件遺産分割協議書や本件申告書への押印等のため、本件長男と本件事務員との打合せに同席したものの、その際、本件事務員から本件遺産分割協議書や本件申告書の内容について入念に確認するよう指示を受けていないこと（上記(オ)に該当し、発覚しにくい）、

⑤　請求人は、本件調査の際、本件調査担当職員に対し、本件貯金が本件申告から漏れていた旨を自ら申し出ていること（上記㈡）に該当し、指摘を受ける前に自ら申し出るのは、隠蔽又は仮装の意思が一貫していない）

　以上により、「当初から所得を過少に申告することを意図し、その意図を外部からもうかがい得る特段の行動をした上、その意図に基づく過少申告をした」ことが真偽不明となった結果、その立証責任を負う原処分庁が不利益を受けたことになる。

所得税における生命保険一時金の脱漏

> 　審査請求人が、生命保険契約等に基づく一時金等を漏らして所得税等の確定申告をしたことについて、原処分庁が重加算税の賦課決定をした事案

事案の概要

1　請求人は、年金受給者であり、令和元年分における公的年金等の収入があった。

2　請求人は、本件各保険会社から保険契約に基づく一時金及び定期支払金を、D銀行A支店の請求人名義の普通預金口座（以下「本件口座」という。）への振込みにより受領した。請求人は、本件一時金を受領する前に、請求人を担当する営業担当者（以下「本件担当者」という。）から、口頭で、本件一時金が一時所得に該当し所得税等の確定申告が必要となる旨の説明を受けた。

3　本件各保険会社は、請求人に対し、本件一時金等の振込日と前後して、本件一時金に係るものとして「○○○支払明細書・お手続き結果のお知らせ」と題する書面を、本件定期支払金に係るものとして「お支払明細」と題する書面（以下、これらの書面を併せて「本件各書面」という。）をそれぞれ送付した。

　本件各書面のうち、「○○○支払明細書・お手続き結果のお知らせ」と題する書面には、本件一時金は一時所得として所得税の課税対象となる旨が、「お支払明細」と題する書面には、本件定期支払金は雑所得として所得税の課税対象となる旨が、それぞれ記載されていた。

　請求人は、本件各保険会社から送付された本件各書面をいずれも

廃棄していた。

4　請求人は、令和元年（2019年）8月19日、金地金の売却代金を
　　Ｄ銀行Ｂ支店の請求人名義の普通預金口座（以下「本件Ｂ口座」と
　　いう。）への振込みにより受領した。

5　請求人は、令和2年（2020年）2月、原処分庁から、「令和元年
　　分譲渡所得がある場合の確定申告のお知らせ」と題する書面（以下
　　「本件お知らせ」という。）の送付を受けた。

　　本件お知らせには、令和元年（平成31年（2019年））中に不動産・
　　金地金等の譲渡（売却）による利益が発生している場合、他の所得
　　とともに所得税等の確定申告が必要となる旨記載されていた。

6　請求人は、令和元年分の所得税等について、請求人の子の夫であ
　　るＧ（以下「本件親族」という。）にその作成の補助を依頼して確
　　定申告をした。

7　原処分庁所属の調査担当職員は、令和2年（2020年）10月27日、
　　請求人宅に臨場し、請求人に対する所得税等の調査を行った。その
　　際、本件調査担当職員は、請求人から、本件口座の預金通帳（以下
　　「本件通帳」という。）の提示を受け、請求人に対し、本件確定申告
　　において本件一時金等が申告漏れとなっている旨指摘した。

8　請求人は、令和3年（2021年）1月27日、令和元年分の所得税
　　等について、本件一時金等に係る所得を一時所得又は雑所得とする
　　などして、修正申告（以下「本件修正申告」という。）をした。

9　原処分庁は、令和3年（2021年）2月26日付で、請求人が本件
　　一時金等を申告しなかったことについて、隠蔽又は仮装の事実が認
　　められるとして、重加算税の賦課決定処分（以下「本件賦課決定処
　　分」という。）をした。

10　請求人は、本件賦課決定処分に不服があるとして、令和3年
　　（2021年）5月13日に審査請求をした。

争 点

　請求人が本件確定申告において本件一時金等を申告しなかった行為は、通則法第68条第1項に規定する重加算税の賦課要件を満たすか否か。

　具体的には、以下の2点が争点である。

⑴　請求人が本件一時金等を申告しないことを意図していたか。

⑵　請求人が過少申告の意図を外部からもうかがい得る特段の行動をしたか。

原処分庁の主張

1　請求人は、特定口座における所得は申告不要である旨理解しているなど、税金に係る知識を一定程度有していた上、本件一時金等について、本件各保険会社から課税対象となる旨記載された本件各書面を受け取るなど、本件一時金等が一時所得又は雑所得として課税の対象となることを十分に認識していた。

2　請求人は、本件お知らせの送付を受けた際、本件一時金等について自らの想定を超える税負担を回避するため、本件親族に対し、本件通帳を提示せず、金地金の売却代金が振り込まれた本件B口座の預金通帳を提示して、本件確定申告書を作成した。

3　請求人は、本件一時金等を申告しないことを意図して、本件各書面を廃棄し、その後本件各保険会社に再発行を依頼しなかった。

4　以上のことから、請求人が本件一時金等に係る所得を含めずに本件確定申告をしたことは、当初から所得を過少に申告することを意図し、その意図を外部からもうかがい得る特段の行動をした上、その意図に基づく過少申告をしたものというべきである。

　したがって、請求人が本件確定申告において本件一時金等を申告しなかった行為は、通則法第68条第1項に規定する重加算税の賦課要件を満たす。

■ 裁　決

1　法令解釈

　重加算税の制度は、納税者が過少申告することについて、隠蔽、仮装という不正手段を用いていた場合に、過少申告加算税よりも重い行政上の制裁を科することによって、悪質な納税義務違反の発生を防止し、もって申告納税制度による適正な徴税の実現を確保しようとするものである。

　したがって、重加算税を課するためには、納税者のした過少申告行為そのものが隠蔽、仮装に当たるというだけでは足りず、過少申告行為そのものとは別に、隠蔽、仮装と評価すべき行為が存在し、これに合わせた過少申告がされたことを要するものである。しかし、上記の重加算税制度の趣旨に鑑みれば、架空名義の利用や資料の隠匿等の積極的な行為が存在したことまで必要であると解するのは相当でなく、納税者が、当初から所得を過少に申告することを意図し、その意図を外部からもうかがい得る特段の行動をした上、その意図に基づく過少申告をしたような場合には、重加算税の賦課要件が満たされるものと解するのが相当である（最高裁平成7年4月28日第二小法廷判決・民集49巻4号1193頁参照）。

2　判　断

⑴　請求人が本件一時金等を申告しないことを意図していたか否かについて

㋐　請求人は、本件一時金を受領する前に、本件担当者から本件一時金に係る課税関係の説明を受けていた。

　　また、本件各保険会社から請求人に対し本件各書面が送付されており、本件各書面には、いずれも本件一時金等が所得税の課税対象となる旨記載されていた。

　　これらのことからすると、請求人は、少なくとも本件一時金等の支

払がされる前後の時点において、本件一時金等について、その存在及び所得税等の申告の必要性を認識することができたものと認められる。

(い)　一方で、請求人は、少なくとも平成26年分ないし平成30年分の所得税等については、平成28年分を除いて確定申告をしておらず、また、令和元年分においても、原処分庁から本件お知らせが届いたことを動機として、金地金の売却による利益について本件確定申告をしたが、その際、非課税所得である遺族年金の受給額も含めて、本件親族に本件確定申告書の作成の補助を依頼している。

　このような状況を踏まえると、請求人は、少なくとも確定申告の経験や税務の知識が豊富であったとはいえない。

(う)　加えて、請求人は、本件一時金等の支払がされる前後の時点において、本件一時金等について所得税等の申告の必要性を認識することができたと認められるものの、本件担当者による本件一時金に係る課税関係の説明は口頭により行われており、その説明のあった時期は本件確定申告の時点から約1年以上も前である。また、本件各書面は、本件一時金等の支払明細として送付されたものに所得税の課税の取扱いが付記されたもので、請求人に送付された時期（平成31年（2019年）2月頃及び令和元年（2019年）6月頃）は、いずれも本件確定申告の時点から9か月以上前である。

(え)　そして、請求人は、本件調査担当職員による調査の当日に、本件一時金等が入金された本件通帳を本件調査担当職員に対し提示し、本件調査担当職員から本件一時金等の申告漏れを指摘されると、その申告漏れを認めて本件修正申告をしている。

(お)　これらのことを併せ考えると、請求人が本件担当者から本件一時金に係る課税関係の説明を受けた事実、あるいは、請求人が本件各保険会社から本件各書面の送付を受けた事実だけをもって、請求人が、本件確定申告の時点において、本件一時金等の存在及び所得税

等の申告の必要性を直ちに認識していたとまではいえず、本件調査
担当職員による調査以後の請求人の対応も踏まえると、本件におい
て、請求人が本件一時金等を申告しないことを意図していたとまで
はいえない。

(2) 請求人が過少申告の意図を外部からもうかがい得る特段の行動 をしたか否かについて

(あ) 本件においては、請求人が、本件親族に対し本件一時金等の存在
を伝えなかった（本件通帳を提示しなかった）ことから、本件一時
金等が本件確定申告の対象から遺漏し、過少申告になったことは原
処分庁の指摘するとおりである。

しかしながら、原処分関係資料及び当審判所の調査の結果によれ
ば、請求人と本件親族との間において、本件確定申告書の作成の補
助を依頼した際にどのようなやり取りがあったのかは明らかではな
く、また、本件一時金等の存在が殊更問題となっていたとする事情
も認められないことからすれば、請求人が本件親族に本件一時金等
の存在を伝えなかった理由を明らかにすることはできない。

(い) 請求人は、本件各書面をいずれも廃棄しているが、その事情につ
いても、原処分関係資料及び当審判所の調査の結果によれば、請求
人が意図的に本件各書面を廃棄した事実は認められず、請求人が本
件各書面についてその内容を理解しないまま廃棄した可能性は否定
できない。また、そうである以上、請求人が本件各保険会社に対し
本件各書面の再発行を依頼するに至っていないとも考えられる。

(う) 以上のことから、請求人が本件親族に本件通帳を提示しなかった、
あるいは、本件各書面を廃棄したことをもって、請求人が過少申告
の意図を外部からもうかがい得る特段の行動をしたとは認められな
い。

3 結 論

　以上のとおり、本件においては、請求人が当初から本件一時金等を
申告しないことを意図し、その意図を外部からもうかがい得る特段の
行動をした上、その意図に基づく過少申告をした場合に該当するよう
な事実は認められない。

　したがって、請求人が本件確定申告において本件一時金等を申告し
なかった行為は、通則法第68条第1項に規定する重加算税の賦課要件
を満たすとは認められない。

立証ポイント

1 法令解釈

　積極的な隠蔽又は仮装行為がない場合の重加算税の賦課要件につい
ては、「重加算税制度の趣旨にかんがみれば、架空名義の利用や資料
の隠匿等の積極的な行為が存在したことまで必要であると解するのは
相当でなく、納税者が、当初から所得を過少に申告することを意図し、
その意図を外部からもうかがい得る特段の行動をした上、その意図に
基づく過少申告をしたような場合には、重加算税の右賦課要件が満た
されるものと解すべきである。」（最高裁平成7年4月28日判決、民集
49巻4号1193頁、TAINS Z209－7518）とされている。

　本件でも、この法令解釈が採用されて事実認定がされている。

　前述の令和4年5月10日公表裁決では、㈠「請求人が本件貯金口座
の残高証明書を取得しなかったのは、請求人の故意によるものか」、
㈡「請求人が本件貯金の存在を本件会計事務所に伝えなかったことは
請求人の故意によるものか」を検討しているが、本件の裁決では、重
加算税の賦課要件を満たすかどうかを判断するにあたって、⑴請求人
が本件一時金等を申告しないことを意図していたか否かについて、及
び⑵請求人が過少申告の意図を外部からもうかがい得る特段の行動
をしたか否かについて、最高裁の要件を2つに分解し、2点について、

それぞれ判断している。

(1)については、上記法令解釈の「当初から所得を過少に申告することを意図し」に対応するものであり、(2)については、上記法令解釈の「その意図を外部からもうかがい得る特段の行動をした上、その意図に基づく過少申告をした」に対応するものである。

課税要件事実についての立証責任については、最高裁判決は、所得税事案に関し、「所得の存在及びその金額について決定庁が立証責任を負うことはいうまでもないところである」（最高裁昭和38年3月3日判決、月報9巻5号668頁）としており、課税要件事実の主張立証責任は国にあるとされている。

したがって、上記(1)(2)についての立証責任も原処分庁にあると解されることを前提として事実認定が行われている。

審判所は、請求人が本件担当者から本件一時金に係る課税関係の説明を受けた事実及び請求人が本件各保険会社から本件各書面の送付を受けた事実を認定し、一定の時点においては、本件一時金について確定申告の必要性を認識していたと認定した。

しかし、上記説明や書面送付は申告期限より相当程度前であったこと、請求人が税務の知識について豊富でなかったこと、本件調査担当職員による調査の当日に、本件一時金等が入金された本件通帳を本件調査担当職員に対し提示し、本件調査担当職員から本件一時金等の申告漏れを指摘されると、その申告漏れを認めて本件修正申告をしていることなどの事実を指摘し、上記説明及び書面送付のみによっては、過少申告の意図を有していたとまでは認定できないとした。その結果、過少申告の意図について真偽不明となり、(1)が否定された。

(1)が否定されることとなる結果、上記最高裁判決の法令解釈の要件

を満たさなくなるので、(2)の判断は不要であるが、裁決では、(2)の判断も行っている。

審判所は、申告作業の際に、補助をしてくれた親族に一時金の存在を示す本件通帳を提示していないこと、本件各書面を廃棄したこと、を認定したものの、それぞれの具体的事情が判然としないことから、過少申告の意図を外部からうかがい得る特段の行動をしたとは認めなかった。つまり、真偽不明ということであり、立証責任を負担する処分庁が不利益を受けることとなる。

本件で、請求人が本件一時金等を申告しないこと（過少申告）を意図していたと認定されるのを障害する事実及び本件親族に対し本件一時金等の存在を伝えなかった（本件通帳を提示しなかった）ことが、「過少申告の意図を外部からもうかがい得る特段の行動をした」と認定されるのを障害する事実、すなわち納税者に有利に働く事実としては、

　(ア)　本件一時金等を申告しない意図と矛盾する行動、

　(イ)　申告意図があるからこそとった行動、

　(ウ)　申告しない意図の一貫性と矛盾する行動、

　(エ)　申告しない意図があるならば、当然行っているであろう行動の
　　　不存在、

　(オ)　意図的な一時金等の除外以外の可能性がある事情、

などが考えられる。

本件で、本件一時金等の課税関係の説明や書面送付を受けたのが申告期限より相当程度前であったこと、及び請求人が税務の知識について豊富でなかったこと、請求人と本件親族との間において、本件確定申告書の作成の補助を依頼した際にどのようなやり取りがあったのかは明らかではないこと、また、本件一時金等の存在が殊更問題となっていたとする事情も認められないことは、(オ)に該当する。これらによって、請求人が意図的に本件一時金等を申告しなかったとの心証が弱まることになる。本件調査担当職員による調査の当日に、本件一時金等

が入金された本件通帳を本件調査担当職員に対し提示し、本件調査担当職員から本件一時金等の申告漏れを指摘されると、その申告漏れを認めて本件修正申告をしていることは、(ウ)に該当する。本件一時金等を申告から除外する意図が一貫しているならば、本件調査担当職員に対して本件通帳を提示するのを回避し、あるいは修正申告に抵抗するような行動をとるのが経験則だからである。

　以上のように課税要件事実を充足することを障害する事実の反証が成功した結果、真偽不明となり処分が取り消された。

　本件とは事実関係が異なるが、請求人が本件親族に対して本件通帳を提示したにもかかわらず、申告から漏れたような事情があれば、(ア)に該当するため、請求人が主張・立証すべき事実になる。

事例

4 被相続人名義及び家族名義の預金口座の相続財産性

令和4年2月15日裁決

相続税の申告において課税価格に算入されていた被相続人及びその家族名義の各預貯金の口座から出金された現金並びに課税価格に算入されていなかった家族名義の預貯金が相続財産であるとして更正処分等が行われた事案

■ 事案の概要

1 本件相続に係る共同相続人は、本件被相続人の配偶者であるL（以下「本件配偶者」という。）、本件被相続人の長男であるH（以下「本件長男」という。）及び本件被相続人の二男であるM（以下「本件二男」といい、本件配偶者及び本件長男を併せて「請求人ら」という。）の3名である。

2 請求人らは、平成30年8月15日及び同年10月30日に、本件被相続人の相続財産について、遺産分割の協議をし、当該協議に基づいて、協議した各日付の遺産分割協議書をそれぞれ作成した。

3 本件配偶者は、本件相続開始日までの間に、本件被相続人名義の2つの預金及び本件配偶者名義の1つの預金、本件長男名義の1つの預金、本件二男名義の1つの預金の各口座から、合計85,774,000円を現金で引き出した（以下、この引き出した行為を「本件出金」という。）。

4 請求人らは、本件相続に係る相続税申告書を法定申告期限までに原処分庁へ提出した。

5 本件申告書には、本件相続に係る相続財産として、本件出金により引き出された現金（以下「本件出金現金」という。）の一部である現金6,000,000円（以下「本件申告計上現金」という。）が計上

されていた。

　また、本件申告書には、本件相続に係る相続財産として、本件被相続人名義の預貯金の合計47,529,896円のほか、本件配偶者名義の預貯金の小計86,867,241円、本件長男名義の預金の小計19,514,336円、本件二男名義の預金の小計20,463,220円及び本件長男の長女（以下「本件孫」という。）名義の預金の小計14,695,398円（以下、これらの請求人ら名義及び本件孫名義の預貯金を併せて「本件名義預貯金」という。本件名義預貯金の合計金額は、141,540,195円である。）が計上されていた（以下、上記の本件被相続人名義の預貯金と本件名義預貯金とを併せて「本件申告計上預貯金」といい、本件申告計上預貯金に係る各預貯金の口座を「本件申告計上預貯金口座」という。本件申告計上預貯金の合計金額は、189,070,091円である。）。

6　本件長男は、上記への調査当日に、本件調査担当職員に対して、「金融資産形成に係る経緯」、「被相続人財産形成貢献度検討」、「比較者データ」、「被相続人生涯給与からの資産形成額推計」、「参考データ」及び「参考データ（その2）」「被相続人妻財産形成貢献度検討（株式売買益除く）」と題する書面を提出及び送付した。

7　原処分庁は、本件現金等は、本件被相続人に帰属する相続財産であるとして、令和2年5月25日付で、請求人らに対して、各更正処分及び過少申告加算税の各賦課決定処分をした。

争　点

(1)　本件調査に係る調査手続に本件各更正処分等を取り消すべき違法があるか否か（争点1）。

(2)　本件各更正処分等は、行政手続法第14条第1項本文に規定する理由の提示の要件を欠いているか否か（争点2）。

⑶　本件現金等は本件被相続人に帰属する相続財産であるか否か
　（争点3）。

本書では、このうち、争点3のみを扱うこととする。

原処分庁の主張

1　本件現金は、本件申告計上預貯金口座から出金されたものであり、本件申告計上預貯金が本件被相続人に帰属するものとして本件申告に反映されていることからすると、その出えん者は、本件被相続人である。

　　なお、本件現金が、本件出金現金の一部であることは、本件配偶者の申述等から明らかである。

2　本件定期預金については、本件長男が、本件申告書を作成した当時、その存在を知らなかったものの、税務署からの事前通知後に通帳が確認できたとし、本件被相続人及び本件配偶者の管理下にあった財産として把握漏れがあった旨述べていることからすれば、本件定期預金は、本件被相続人又は本件配偶者のいずれかに帰属する財産であり、その出えん者は、本件被相続人又は本件配偶者であると認められる。

3　本件各貯金は、本件配偶者がその存在を把握しておらず、本件二男も、その存在、作成経緯や通帳の所在を知らず、その原資を拠出していない旨申述していることから、出えん者は本件被相続人であると認められる。

4　Zが作成した○○○○及び本件被相続人の勤務先であったT市U局の回答書によれば、本件被相続人への給与支給総額及び退職金支給額の合計は112,130,714円であり、Z等の回答書によれば、年金支給総額は93,284,982円であるから、本件被相続人の生涯収入は205,415,696円である。

5　Zが作成した○○○○によれば、本件配偶者への給与支給総額は252,000円であり、Z等の回答書によれば、年金支給総額は9,845,585円であるから、本件配偶者の生涯収入は10,097,585円である。

なお、請求人らが提出した本件配偶者がSの事務服を着た姿で撮影された写真は、本件配偶者の勤務事実及び収入があったことを裏付ける証拠とは認められず、また、請求人らが主張する本件配偶者の株式投資を裏付ける事実も確認できない。

6　上記イのとおり、本件現金及び本件各貯金の出えん者は本件被相続人であり、本件定期預金の出えん者は本件被相続人又は本件配偶者である。

7　上記ロによれば、本件被相続人及び本件配偶者の生涯収入の比率は、本件被相続人が95.31パーセント、本件配偶者が4.69パーセントとなるから、本件被相続人又は本件配偶者のいずれかに帰属する金融資産のほとんどは本件被相続人の出えんにより形成されていたといえる。

なお、上記金融資産のうち4.69パーセントは本件配偶者の原資であるものの、本件配偶者の生涯収入の内訳は、そのほとんどが年金収入であるところ、本件年金受給口座の預金は、本件配偶者の財産として、本件申告書に計上されていない。

そして、本件認定金融資産に、本件被相続人の生涯収入の比率を乗じた金額は291,036,815円となり、本件申告計上現金、本件申告計上預貯金及び本件現金等の合計額を上回る。また、本件配偶者の生涯収入の比率を乗じた金額は14,321,295円となり、本件年金受給口座の預金の金額を下回ることから、生涯収入比の検討においても、本件現金等の帰属の判断に齟齬はない。

裁　決

1　法令解釈

　一般的には、外観と実質は一致するのが通常であるから、財産の名義人がその所有者であり、その理は預貯金等についても妥当する。

　しかしながら、預貯金は、現金化や別の名義の預貯金等への預け替えが容易にでき、また、家族名義を使用することはよく見られることであるから、その名義と実際の帰属とが齟齬する場合も少なくない。このような場合、ある財産が被相続人以外の名義であったとしても、当該財産が相続開始時において被相続人に帰属するものであったと認められる場合には、当該財産は相続税の課税の対象となる相続財産に当たると解される。

　そして、被相続人以外の者の名義である財産が相続開始時において被相続人に帰属するものであったか否かは、当該財産又はその原資の出えん者、当該財産の管理及び運用の状況、当該財産から生ずる利益の帰属者、被相続人と当該財産の名義人並びに当該財産の管理及び運用をする者との関係、当該財産の名義人がその名義を有することとなった経緯等を総合勘案して判断するのが相当である。

2　判　断

1　本件現金は、本件申告計上預貯金口座から引き出された本件出金現金の一部であり、本件相続開始日において存在していたものと認められる。

2　しかしながら、本件申告計上預貯金口座は、

①　本件申告計上預貯金口座で管理運用されていた預貯金の原資が特定できないこと、

②　本件申告計上預貯金と本件出金現金を合わせると約3億円に近い金額となり、地方公務員であった本件被相続人の生涯収入から合理的に推認される金額よりも多額であり、不自然な点があ

ること、

③　本件配偶者も収入を得ていたと認められること、

④　本件配偶者は、本件被相続人名義及び本件配偶者名義に加え、本件長男等の家族名義の口座も利用して、本件配偶者自身の収入や資産とともに、本件被相続人の収入や資産の管理及び運用を行っており、両者の収入や資産が明確に区別されていたことを示す証拠がないこと、

⑤　本件長男、本件二男及び本件孫は、本件申告計上預貯金のうち同人らが名義人となっている各預金の原資を出えんしておらず、また、同人らは、本件相続開始日までそれらの各預金の存在すら認識していなかったこと、

⑥　本件相続開始日までに同人らに対して、これらの各預金が贈与された事実もないこと、

等の事情からすると、本件申告計上預貯金口座から出金された本件現金は、本件被相続人及び本件配偶者が得た各収入が混在したものである可能性を否定できない。

3　上記のような場合においては、本件現金を本件被相続人と本件配偶者との収入比率を用いてあん分する方法で、いずれに帰属するものであるかを推認することにも一定の合理性が認められる。

4　しかし、本件調査において、本件被相続人が地方公務員として勤務していた当時の正確な収入の額や、本件配偶者の具体的な勤務状況や収入の額を確認することはできなかった。また、当審判所の調査によっても、本件被相続人及び本件配偶者の各生涯収入の金額を確認できず、客観的合理性を有する方法により当該各生涯収入の金額を推認することができない。これらのことから、本件においては、あん分計算の前提となる本件被相続人及び本件配偶者の各生涯収入に基づく適切な収入比率を求めることができず、その他に本件被相続人の財産と本件配偶者の財産とにあん分する方法も見当たらない

ため、客観的合理性を有するあん分計算の方法により本件現金の帰
属を決定することはできない。

5　他方で、請求人らは、本件申告計上現預金について、本件被相続
人に係る遺産分割の対象として分割を行い、かつ、申告納税制度の
下において、本件相続税の課税対象となる財産として本件申告を
行ったのであり、本件申告計上現預金を、本件被相続人の相続財産
として認識していたことがうかがわれる。こうした事情に加え、請
求人らが本件申告において、本件申告計上現預金を相続財産とした
経緯を踏まえると、本件申告計上現預金の合計額である約2億円に
近い預貯金及び現金は、本件被相続人と本件配偶者との収入が混在
して形成された金融資産のうち、本件被相続人に帰属する部分の財
産として、請求人らの合意によりあん分されたものと認められる。
このような、本件被相続人及び本件配偶者の金融資産への貢献度を
考慮したあん分方法や、当該方法により算出された本件申告計上現
預金については、必ずしも客観的合理性が担保されたものではない
が、当該あん分方法やこれにより算出された本件申告計上現預金を
積極的に否定する証拠関係は認められず、不合理なものとまではい
えない。

6　以上のように、本件においては、本件申告計上預貯金口座の名義
が必ずしも真の帰属を表すものではなく、本件被相続人と本件配偶
者との収入比率を用いたあん分計算により財産の帰属を特定する方
法には合理性が認められるものの、当審判所において合理的なあん
分計算を行うこともできず、また、そのような中で、本件申告にお
ける請求人らによるあん分方法及びこれにより算出された本件申告
計上現預金の金額につき、これを不合理なものとして積極的に否定
する証拠がないことからすると、本件申告計上現預金の額を超えて、
本件現金についても、本件被相続人に帰属する相続財産として存在
していたものと断定することはできず、本件申告計上現預金の金額

をもって、本件被相続人に帰属していたものと見ることもやむを得ない。

7　上記と同様に、本件定期預金及び本件各貯金についても、原資を特定することはできず、また、本件配偶者によって、本件申告計上預貯金口座と同様に、管理及び運用されていたものであることからすると、本件被相続人の収入がその原資に混在している可能性を否定できない。もっとも、本件においては、当審判所において、本件被相続人と本件配偶者の財産について、客観的合理性を有する方法であん分計算を行うことができないから、上記と同様に、請求人らによって本件被相続人の相続財産とされた本件申告計上現預金に加えて、さらに本件定期預金及び本件各貯金についても、本件被相続人に帰属する相続財産であると断定することはできない。

立証ポイント

1　本件は、相続税の申告において課税価格に算入されていた被相続人及びその家族名義の各預貯金の口座から出金された現金並びに課税価格に算入されていなかった家族名義の預貯金が相続財産であるとして更正処分等が行われた事案である。

　　請求人らは、相続人名義の預金の一部を名義預金であるとして相続財産に計上したものの、被相続人名義の預金から出金された現金及び家族名義の預貯金の一部は相続財産から除外して申告をした。

2　本件申告計上預貯金口座から出金された本件現金は、本件被相続人及び本件配偶者が得た各収入が混在したものであることから、原処分庁は、本件現金を本件被相続人と本件配偶者との収入比率を用いてあん分する方法で、いずれに帰属するものであるかを推認するを主張し、被相続人と本件配偶者の生涯収入をもとにあん分計算した。

3　裁決では、本件被相続人の正確な収入の額や、本件配偶者の具体

的な勤務状況や収入の額を確認することはできず、本件被相続人及
び本件配偶者の各生涯収入の金額を確認できず、客観的合理性を有
する方法により当該各生涯収入の金額を推認することができないこ
とから、客観的合理性を有するあん分計算の方法により本件現金の
帰属を決定することはできないとして、あん分計算法を排斥した。

4　その上で、請求人らによる独自のあん分方法及びこれにより算出
された本件申告計上現預金の金額を超えて、本件現金についても、
本件被相続人に帰属する相続財産として存在していたものと断定す
ることはできず、本件申告計上現預金の金額をもって、本件被相続
人に帰属していたものと見ることもやむを得ないし、定期預金等も
同様とした。

5　被相続人名義の預貯金の中に、相続人の預貯金が混在するケース
がある場合には、当該預貯金が誰に帰属すると認定して相続税の申
告をするのか困難な判断を迫られる。この場合の1つの合理的な方
法が、被相続人と相続人のそれぞれの生涯収入を確認し、あん分計
算をする方法であるといえる。

　　しかし、生涯収入が明らかにならない場合には、客観的合理性を
持たないあん分方法であったとしても、一定の方法であん分計算を
して相続税の申告をしておくことによって、それ以上の金額が被相
続人に帰属することを原処分庁が立証できない場合には、申告金額
をもって被相続人の相続財産であると認定される可能性があること
を示している。

6　この場合、不合理な方法によりあん分計算をしてしまうと、その
計算方法も排斥される可能性があるので、自ら合理的と考えられる
あん分計算をすることが必要である。

事例

5 別法人名義で行われた収入の帰属

令和4年1月12日裁決

審査請求人である法人とは別法人名義で行われた土地売買取引等に
係る収入が請求人に帰属するなどとして法人税の青色申告の承認取消
処分、法人税等及び消費税等の更正処分等並びに源泉徴収に係る所得
税等の納税告知処分等が行われた事案

事案の概要

1 請求人は、不動産の売買、賃貸借、管理、仲介等の取引に関する
   業務等を目的として設立された法人であり、E（以下「請求人代表者」
   という。）が代表取締役を務めている。また、請求人は宅地建物取
   引業の許可を受けている。

2 請求人は、青色申告の承認申請書を原処分庁に提出し、平成12
   年4月1日から平成13年3月31日までの事業年度以後の事業年度
   の法人税について、青色申告の承認を受けていた。

3 請求人は、平成21年8月31日にH社（以下「本件法人」という。）
   の全ての発行済株式を取得し、請求人代表者は、本件法人の取締役
   に就任した。

4 本件法人は、宅地建物取引業の許可を受けている。

5 本件法人は、本件法人を契約名義人として、平成24年4月頃か
   ら平成29年6月頃までの間に不動産売買及び仲介取引のほか、ハ
   ウスメーカーなどから依頼を受けて地主との交渉、物件の調査など
   （以下、これらを併せて「本件取引」という。）がなされた。本件取
   引に係る契約書、重要事項説明書などの各書類には、売主又は仲介
   人などの契約者として本件法人の名称が記載されており、また、本
   件取引に係る契約書の一部及び重要事項説明書には、本件法人の宅

地建物取引士として、L又はMの氏名が記載されていた。

6　本件法人は、本件取引による収入を含めて法人税並びに消費税等の確定申告を行った。

7　本件取引の振込決裁には、本件法人の預金口座が使用された。

8　原処分庁は、本件収入は請求人に帰属することから、請求人が本件収入を帳簿書類に記録しなかったことは、帳簿書類に取引の一部を隠蔽し又は仮装して記載し又は記録していたものと認められるとして、青色申告の承認の取消処分(以下「本件青色取消処分」という。)をするとともに、法人税等及び消費税等の更正処分等並びに源泉徴収に係る所得税等の納税告知処分等をした。

争　点

本件収入は請求人に帰属するか否か。

原処分庁の主張

1　請求人は、本件法人の欠損金を利用して税金を免れることを目的として、不動産に関する知識を有していない本件法人代表者を名義だけの本件法人の代表取締役として就任させた。

2　本件法人代表者及び本件法人の従業員2名が本件取引に係る業務を行うことは不可能であり、本件取引は、請求人代表者や請求人の従業員であるQ等により行われていたから、請求人が主体となって本件取引に係る業務を遂行していたというべきである。

3　平成23年12月から平成27年11月まで本件法人の宅地建物取引業に従事していた宅地建物取引士の給与及びQの給与はそれぞれ請求人が負担していたほか、本件取引に係る契約書等の作成も請求人の従業員が請求人のパソコンで作成していたことからすると、請求人が本件取引に係る費用を負担していたというべきである。

4　請求人代表者が本件法人名義の預金通帳を管理していたこと、本

件法人代表者が請求人代表者の指示により本件各口座から現金を引き出し同人に渡していたことが認められるから、本件取引に係る収益は請求人が享受していたというべきである。

裁　決

1　法令解釈

　法人税法第11条は、法律上の所得の帰属の形式とその実質が異なるときには、実質に従って租税関係が定められるべきであるという租税法上の当然の条理を確認的に定めたものと解される。したがって、本件収入の帰属者が誰であるかは、本件法人の事業の経緯、本件取引に係る業務の遂行状況、当該業務に係る費用の支払状況などの事実関係を総合して、業務の主体が誰であるかにより判断することとなる。

　また、消費税法第13条は、上記法人税法第11条の実質所得者課税の原則と同趣旨の規定と解される。

2　本件法人代表者の申述の信用性

　本件法人代表者は、令和元年7月23日、原処分庁所属の調査担当職員に対し、要旨次のように申述した。

(1)　私の本件法人での主な仕事は、請求人の従業員であったときと変わらず、請求人代表者の運転手であったが、本件各口座から現金を出金するときに、請求人代表者から口頭で指示され、私が本件各口座から出金し、その全額を請求人代表者に手渡しする仕事があった。請求人代表者から直接言われて、私は、本件法人名義で作られる契約書や領収証の金額の記載、署名押印も行っていた。

(2)　平成23年11月から平成29年12月までの間に本件各口座に入金された金員は、請求人代表者や請求人の従業員が行った地上げの仲介手数料であり、本件法人が行った仕事の入金ではない。私が請求人代表者から言われて本件法人名義で契約した業務委託契約やコンサ

ルタント契約を行った会社からの入金も、本件各口座に入金されているが、本件法人が仕事をした事実は全くない。本件法人には、私とRしかいなかったので、請求人代表者から言われて契約した業務を本件法人で行うことは不可能である。

(3)　その後、本件法人代表者は、上記Aの申述について、内容に誤りがあったとして、令和元年8月20日付「陳述書」や令和2年2月3日付「陳述補充書」において、1本件法人代表者は請求人代表者と共同で仕事をしていたこと、2本件各口座から預金を払い出す際は、本件法人代表者の判断で行っていたこと、3本件収入は全て本件法人代表者が行った取引に関するものであり請求人が行ったものは含まれないこと、4本件法人からの借入金として受け取った現金は私的な借金の返済やギャンブルに使ったことを記載して原処分庁に提出した。その上で、本件法人代表者は、令和2年11月27日及び同年12月11日に、再調査審理庁所属の調査担当職員に対し、上記Aの申述を行った際には請求人代表者に対する悪感情があったことから、請求人代表者が不利になるようなことであればと原処分庁所属の調査担当職員が記載したものを全て認めてしまったものであり、後悔している旨申述した。

(4)　以上のとおり、本件法人代表者は、本件法人が本件取引に係る業務を全く行っておらず、請求人代表者から本件各口座に入金された金員を引き出すように指示され、出金した全額を請求人代表者に手渡しする仕事があった旨の上記Aの申述を、後に上記Bの申述において全面的に否定するに至っているが、上記Bの申述を積極的に否定すべき事情は認められず、上記Aの申述を的確に裏付ける証拠資料もない。また、請求人の関係者は上記Aの申述に沿う旨の申述をしているが、当該関係者の申述をそのまま信用することはできない。したがって、上記Aの申述をそのまま信用して判断の基礎とすることはできない。

3 請求人の関係者の申述の信用性

(1) 請求人の関係者は、令和元年9月12日、原処分庁所属の調査担当職員に対し、①本件法人は会社として何もしておらず、本件取引は全て請求人が行っていた、②請求人代表者が自分の机の引き出しの鍵を開けて、本件法人名義の預金通帳と印鑑を本件法人代表者に渡すところを何度も見た、③本件法人代表者は、不動産の知識もなく、実際には、請求人代表者の車の運転や本件法人名義の預金通帳の記帳を行うぐらいで、ほかには何もしておらず、ほとんど請求人の事務所にいて、ただ座っているだけであったなどと申述した。

(2) 請求人の関係者の上記Aの申述は、いつの時点の状況をいうものか明らかではない上、いずれも本件取引との関係において個別具体的な業務の遂行状況を述べたものとはいい難く、これらを的確に裏付ける証拠資料もないため、具体性と客観性を欠く申述といわざるを得ない。

したがって、請求人の関係者の上記Aの申述をそのまま信用して判断の基礎とすることはできない。

4 本件取引に係る収益が請求人に帰属するか

(1) 本件取引に係る契約書及び重要事項説明書の一部の作成は、請求人の従業員により請求人のパソコンを用いて行われたが、これは本件取引に係る業務の一部分にすぎない。また、本件法人代表者及び本件法人の従業員が本件取引に係る業務に従事していない旨の本件法人代表者及び請求人の関係者の各申述をそのまま信用することはできないことは上記のとおりである。そのほかに当審判所に提出された証拠資料等を精査しても、本件取引の全てについて、請求人が主体となって業務を遂行していたとは認められない。

(2) 平成○年○月○日まで本件法人の専任の宅地建物取引士であったLの給与手当を請求人が支払っていた事実及び本件取引に係る契約

書等の一部が請求人の従業員により請求人のパソコンを使用して作成された事実は認められることから、本件取引に係る費用の一部については請求人が負担していたと認められる。しかしながら、請求人の従業員が作成していたのは契約書等の一部にすぎないし、本件法人の専任の宅地建物取引士であったLは請求人の事務所で請求人の業務を行い、必要に応じて本件法人の業務を行っていたことはうかがわれるものの、請求人が本件取引に係る費用をどの程度負担したか正確な確認はできない。

(3)　本件各口座から現金が引き出された事実は認められるものの、請求人代表者が本件法人名義の預金通帳を管理していた旨の請求人の関係者の申述及び本件各口座から出金した全額を請求人代表者に手渡した旨の本件法人代表者の申述はそのまま信用することができない上、本件各口座から引き出された現金が請求人に渡ったと認めるに足る的確な証拠もないことから、請求人が本件取引に係る収益を享受していたとは認められない。

(4)　以上を総合的に判断すると、請求人が本件取引に係る業務を主体的に行ったとは認められず、また、請求人が本件取引に係る収益を享受したとも認められないことから、本件収入は請求人に帰属するとは認められない。

立証ポイント

1　法人税法第11条は、「資産又は事業から生ずる収益の法律上帰属するとみられる者が単なる名義人であって、その収益を享受せず、その者以外の法人がその収益を享受する場合には、その収益は、これを享受する法人に帰属するものとして、この法律の規定を適用する。」と規定し、「実質所得者課税の原則」を定めている。

　また、消費税法第13条1項が「法律上資産の譲渡等を行つたとみられる者が単なる名義人であって、その資産の譲渡等に係る対価を

享受せず、その者以外の者がその資産の譲渡等に係る対価を享受する場合には、当該資産の譲渡等は、当該対価を享受する者が行ったものとして、この法律の規定を適用する。」と規定するのも同様の趣旨である。

本件は、この実質所得者課税の原則に照らし、本件取引に係る収益が誰に帰属したのかが争われた事案である。

2　裁決では、原処分庁が立証の拠り所とした本件法人代表者及び請求人関係者の申述が信用できないとして、その申述に依拠して事実認定をすることを否定した。その結果、状況証拠のみをもってしては、本件取引に係る収益が請求人に帰属することは認定することができないとした。

本件取引に係る収益が請求人に帰属することの立証責任は原処分庁にあるから、結論として、処分を取り消したものである。

3　本件法人代表者が調査担当職員にした申述の信用性が否定されたのは、当該申述の後、「陳述書」や「陳述補充書」において、先の申述が誤りであり、先の申述を後悔している旨述べたためであると思われる。

そして、上記陳述書等における申述を積極的に否定すべき事情は認められず、先の申述を的確に裏付ける証拠資料もないことから、先の申述を事実認定の基礎とすることはできないと結論づけた。

　税務調査において、調査担当職員に対して述べた事実、あるいは質問応答記録書に記載された事実について、後日、記憶違いであったり、故意に記憶と異なる申述をしたことについて後悔することがある。このような場合には、本件のように「陳述書」を提出し、あるいは、内容証明郵便により、申述の訂正をしておくことが有効な手段であることがわかる。

　なお、令和2年11月20日　国税庁課税総括課第3号「質問応答

記録書作成の手引について」によると、「問34　質問応答記録書を完成させた後に、回答者から訂正・変更・削除の申立てがあった場合、どのように対応すべきか。」について、「（答）質問応答記録書の完成後に、回答者から、訂正・変更・削除の申立てがあっても、当該質問応答記録書の訂正・変更・削除を行ってはならない。この場合、必要に応じ、改めて回答者に対する質問応答を行い、訂正・変更・削除の申立内容や関連する答述内容を確認し、新しい質問応答記録書を作成するなどの方法により対応する」とされている。

　したがって、後日、質問応答記録書の内容の誤りに気づいた場合には、質問応答記録書の訂正を求めるのではなく、新たな質問応答記録書の作成を求めるか、あるいは、別途「陳述書」の提出や内容証明郵便等により訂正を行うことになる。そのような是正措置を講じておかないと、後日の再調査の請求や審査請求において、すでに作成された質問応答記録書の信用性を覆すことが困難になる場合があるので注意が必要である。

　なお、供述が変遷する場合には、複数の供述全てが信用できないこととされる場合がある。なぜなら、他の信用できる客観的資料と整合する供述がなければ、そのどれが信用できるか判断できないためである。そのため、前の供述を変遷させる場合には、①なぜ、前の供述では、虚偽の供述をしたのか、また、②なぜ、今回、真実の供述をする気になったのか、について、合理的説明をする必要がある。

　本件では、「再調査審理庁所属の調査担当職員に対し、上記Ａの申述を行った際には請求人代表者に対する悪感情があったことから、請求人代表者が不利になるようなことであればと原処分庁所属の調査担当職員が記載したものを全て認めてしまったものであり、後悔している旨申述した。」とされており、①前の供述では、

請求人代表者に対する悪感情があり、請求人代表者が不利になるようにするために虚偽の供述を行ったものであり、②その後、後悔したために供述を変遷させた旨認定されている。後悔しただけでは、合理性が弱いので、どのような経緯と心理的変化があって後悔したのか、まで述べられると信用性が増すと思われる。

　本件のように、原処分庁の立証の要が質問応答記録書など請求人や第三者の証言である場合には、通常の反証活動の他、その証言の信用性を崩すことが重要となる。

事例

6 夫から妻への預金の移動とみなし贈与

令和3年7月12日裁決

> 審査請求人の夫名義の預金口座から出金され請求人名義の預金口座
> 等に入金された金員に相当する金額について、相続税法第9条に規定
> する対価を支払わないで利益を受けた場合に該当するとして、請求人
> に対し贈与税の決定処分等がされた事案

事案の概要

1　請求人は、H（以下「夫H」という。）の妻である。

2　請求人は、平成27年3月9日、J証券○○支店に請求人名義の口
　座（以下「J請求人名義口座」という。）を開設した。

3　請求人は、複数回にわたり、夫H名義の普通預金口座（以下「K
　夫名義口座」という。）から出金した金員○○○○円をJ請求人名
　義口座に入金し、ファンドや株式、投資信託等を購入した。

4　請求人は、平成28年3月15日、上場株式等の配当等に係る配当
　所得の源泉徴収税額○○○○円の還付を求めて、平成27年分の所
　得税及び復興特別所得税の確定申告をした。

5　夫Hは、平成29年2月○日に死亡し、その相続（以下「本件相続」
　という。）が開始した。

6　請求人は、他の相続人らと共同して、法定申告期限内に本件相続
　に係る相続税の申告をした。上記申告において、本件各入金を原資
　とする財産は、課税価格に算入しなかった。

7　原処分庁は、令和2年6月30日付で、請求人に対して、本件各
　入金について、対価を支払わないで利益を受けたと認められるため、
　相続税法第9条の規定により、請求人が本件○○○○円を夫Hから
　贈与により取得したものとみなされるとして、贈与税の決定処分（以

55

下「本件決定処分」という。）及び無申告加算税の賦課決定処分（以
下「本件賦課決定処分」という。）をした。

争 点

　本件各入金は、相続税法第9条に規定する対価を支払わないで
利益を受けた場合に該当するか否か。

原処分庁の主張

1　本件各入金がされた後、

(1)　K請求人名義投資信託口座にあっては、K銀行の担当者が、請
　求人に投資信託に関する説明を行い、その後も請求人に対して説
　明やフォローを行っていたこと、

(2)　J請求人名義口座にあっては、請求人が、有価証券の購入や運
　用について、J証券に全て指示又は注文を行っていたこと、

(3)　請求人が、金融商品の取引経験がある旨や金融商品に関する勉
　強のために○○新聞を読んでいる旨を各金融機関の担当者に話し
　ていたことから、請求人は、夫Hの意向に拘束されることなく自
　身の判断に基づいて有価証券の取引を行っていたと認められる。

　　上記のように、請求人が自らの判断に基づいて有価証券の取引を
　行っていたのは、その原資である本件各入金について請求人の資金
　であるという認識を持っていたからであるというべきである。

2　請求人は、J請求人名義口座及びK請求人名義投資信託口座から
　生ずる投資信託分配金等を、いずれも、K請求人名義普通預金口座
　に入金し、平成27年分及び平成28年分の所得税等において請求人
　の所得として確定申告している。

3　そして、請求人が本件各入金に見合う額の金員を夫Hに返還した
　事実がないことから、夫Hは本件各入金に見合う額の経済的利益を

　失い、その一方で請求人は、本件各入金により経済的利益を受けた
ものと認められる。

裁　決

1　法令解釈

　相続税法第9条は、対価を支払わないで又は著しく低い価額の対価
で利益を受けた者がいる場合に、当該利益を受けた時における当該利
益の価額に相当する金額を、当該利益を受けさせた者から贈与により
取得したものとみなして、贈与税を課税することとした規定である。

　その趣旨とするところは、私法上、贈与によって財産を取得したも
のと認められない場合に、そのような私人間の法律関係の形式とは別
に、実質的にみて、贈与を受けたのと同様の経済的利益を享受してい
る事実がある場合に、租税回避行為を防止し、税負担の公平を図る見
地から、贈与契約の有無にかかわらず、その取得した経済的利益を、
当該利益を受けさせた者からの贈与によって取得したものとみなし
て、贈与税を課税することとしたものと解される。

　相続税法第9条が規定する「利益を受けた場合」とは、おおむね利
益を受けた者の財産（積極財産）の増加又は債務（消極財産）の減少
があった場合等を意味するものと解され、上記趣旨に鑑みると、同条
に規定する対価を支払わないで利益を受けた場合に該当するか否かの
判定については、対価の支払の事実の有無を実質により判定し、当該
経済的利益を受けさせた者の財産の減少と、贈与と同様の経済的利益
の移転があったか否かにより判断することを要するものと解するのが
相当である。

2　判　断

(1)　一般的に、財産の帰属の判定において、当該財産の名義が誰であ
　るかは重要な一要素となり得るものの、我が国において、自己の財

産をその扶養する家族名義の預金等の形態で保有することも珍しいことではない。また、上記の判定において、財産の管理及び運用を行った者が誰であるかも重要な一要素となり得るものの、特に夫婦間においては、一方が他方の財産を、その包括的同意又はその意向を忖度して管理及び運用することはさほど不自然なものとはいえないから、これを殊更重視することは適切ではない。

そうすると、夫婦間における財産の帰属については、

① 当該財産又はその購入原資の出捐者、

② 当該財産の管理及び運用の状況、

③ 当該財産の費消状況等、

④ 当該財産の名義を有することとなった経緯等

を総合考慮して判断するのが相当である。

(2) 本件の場合でも、本件各入金については、K夫名義口座からJ請求人名義口座又はK請求人名義普通預金口座に各入金されたものであるところ、請求人は被相続人である夫Hの妻であることから、本件○○○○円が上記の請求人名義の各口座に入金されたという一事をもって、請求人に帰属すると断ずることはできない。

したがって、本件各入金が、相続税法第9条に規定する対価を支払わないで利益を受けた場合に該当するか否かについては、夫婦間における財産の帰属の判定において特に考慮すべき事情を踏まえ、上記(1)で述べた①ないし④の諸般の事情を総合考慮して判断するのが相当であり、以下、検討する。

(3) K夫名義口座については、夫Hの財産であることに争いがないから、K夫名義口座から請求人名義の各口座に入金された本件○○○○円の出捐者は、夫Hである。

(4) 請求人は、本件各入金の前後を通じて、夫Hの給与等を含むF家の家計全般を管理していたことが認められる。

そして、本件○○○○円の管理及び運用の状況をみると、K銀行

及びJ証券の各担当者は、請求人に対する説明等や請求人から取引に係る具体的指示を受けることはあっても、夫Hから指示等を受けたこともなく、かえって、請求人自らが、その判断で本件○○○○円を原資とする金融取引につき、具体的な指示や注文をし、売買を行っていたことなどから、請求人が主体的に本件○○○○円の管理・運用を行っていたものと認められる。

そして、本件各入金の前後を通じて請求人が管理していたK夫名義口座などの夫Hの財産について、その全部が請求人に帰属していたものと認めることはできないから、請求人による本件○○○○円の管理及び運用状況は、その帰属の判定を左右するほどの事情とは認めることができない。

(5) 本件各入金の以前から、夫Hの財産の一部若しくは全部についても管理していたことが認められることに加え、夫Hが○○する必要があったという事情を併せ考えると、請求人が、夫Hから同人の財産に係る管理・運用の包括的同意を得た上で、その財産を主体的に管理・運用していたと解しても、あながち不自然とはいえない。

(6) 請求人において、夫Hの財産の管理・運用という目的から離れて、請求人自らが私的に資金を必要とする事情も認められず、我が国において、夫婦間における財産については、一方が自己の財産を他方の名義の預金等の形態で保有することが珍しくないことを併せ考えると、請求人名義の各口座に入金された本件○○○○円につき、請求人によって私的に費消された事実が存在しない本件においては、請求人が専らF家の生計を維持するために夫Hの財産を管理・運用していたと解するのが相当である。

(7) 以上により、上記各事情を考慮すれば、本件各入金によっても、夫Hの財産は、J請求人名義口座及びK請求人名義投資信託口座においてそのまま管理されていたものと評価するのが相当であり、本件○○○○円が請求人に帰属するものと解することはできず、本件

各入金により請求人に贈与と同様の経済的利益の移転があったと認めることはできない。

よって、本件各入金は、相続税法第9条に規定する対価を支払わないで利益を受けた場合に該当するものとは認められない。

■ 立証ポイント

1　本件は、被相続人である夫の預金口座から請求人である妻の預金口座へ資金が移され、請求人名義で株式投資等された事案について、原処分庁が当該資金移動時に経済的利益の移転があり、相続税法第9条のみなし贈与が適用されると主張したのに対し、請求人は、経済的利益の移転はなく、被相続人の名義預金であると主張した事案である。

　裁決では、夫婦間における財産の帰属については、

① 当該財産又はその購入原資の出捐者、

② 当該財産の管理及び運用の状況、

③ 当該財産の費消状況等、

④ 当該財産の名義を有することとなった経緯等

を総合考慮して判断するのが相当である、とした。

　その上で、請求人が従前より夫の給与を含む財産について、家計全体を管理していたこと、各入金された金員について請求人は私的に使用していないこと、などを認定した上で、経済的利益の移転はないとした。

2　相続税の申告において、相続人名義の財産が被相続人の相続財産に属するかどうかが争点になることがある。いわゆる「名義財産」の問題である。この点に関し、裁決では、「一般的に、財産の帰属の判定において、当該財産の名義が誰であるかは重要な一要素となり得るものの、我が国において、自己の財産をその扶養する家族名義の預金等の形態で保有することも珍しいことではない。また、上

記の判定において、財産の管理及び運用を行った者が誰であるかも重要な一要素となり得るものの、特に夫婦間においては、一方が他方の財産を、その包括的同意又はその意向を忖度して管理及び運用することはさほど不自然なものとはいえないから、これを殊更重視することは適切ではない。」としている。

3　東京地裁平成20年10月17日判決は、妻が、預金取引の記入や取引を行うとともに、当該預金で名義人の名義で証券取引などをしていた事案において、管理運用は名義人だが、夫婦間で夫の財産を妻が運用することは不自然ではない、として、当該預金を被相続人の相続財産としている。

　　名義財産か否かの判断は、諸事情の総合判断になるが、たとえば、名義預金かどうかを判断するための要素は、以下のような事情を考慮し、慎重に判断することが肝要である。

① 名義人に預金原資はあったか（収入総額）

② 預金の出捐者は誰か

③ 預金通帳、印鑑の管理は誰か

④ その預金から利得を得ているのは誰か

⑤ 通帳の届出住所は誰の住所か

⑥ 贈与契約書はあるか

⑦ 贈与税の申告はされていたか

7 相続税申告における共済契約の脱漏

> 相続税の申告において、請求人が建物更生共済契約に関する権利を相続財産から脱漏したところ、原処分庁から重加算税賦課決定を受けた事案

事案の概要

1　請求人は、F（以下「本件被相続人」という。）の長男である。

2　本件被相続人は、G農業協同組合（以下「本件農協」という。）との間で、本件被相続人を共済契約者等とする各建物更生共済契約（以下、各建物更生共済契約を併せて「本件各共済契約」といい、本件各共済契約に関する権利を「本件各権利」という。）を締結していた。

3　本件相続に係る相続人は、請求人、本件被相続人の長女であるH、同二男であるJ、同三男であるK及び同四男であるLの5名である。

4　請求人は、平成29年9月27日、本件農協から、本件各共済契約に係る「共済契約解約返戻金相当額等証明証」（以下「本件証明書」という。）を取得した。

5　請求人は、平成29年11月28日、本件相続に係る相続税（以下「本件相続税」という。）の申告書の作成をM税理士法人に所属するN税理士（以下「本件税理士」という。）に依頼し、本件税理士は、当該依頼を受けて、請求人の自宅において、請求人に対し、本件被相続人の相続財産の確認のための聞き取りを行った。

その際、本件税理士は、請求人に対し「損害保険はどうなっていますか。」と質問し、請求人は、当該質問に対して「共済は掛け捨てに移行している。」と回答した。

6　請求人は、平成29年11月28日、本件税理士に対し、本件農協の本件被相続人名義の貯金通帳21通を含む本件相続税の関係書類を預けた。当該関係書類には、本件証明書は含まれていなかった。

7　請求人は、平成30年3月9日、本件農協に対し、各共済契約について、共済契約者等の名義を本件被相続人から請求人に変更する手続を行った。

8　請求人は、平成30年3月12日、本件農協に対し、各共済契約に係る満期共済金の支払の請求をし、当該満期共済金は、同日、本件農協支店の請求人名義の普通貯金口座に振り込まれた。

9　請求人は、法定申告期限内に、本件相続税の申告書を原処分庁に提出して期限内申告をしたが、本件申告書には、本件各権利は記載されていなかった。

10　原処分庁は、請求人に対し、重加算税賦課決定をした。

争　点

　相続税の申告書に本件各権利及び本件山林を記載しなかったことが隠蔽又は仮装行為といえるか。具体的には、請求人が、本件税理士からの「損害保険はどうなっていますか。」との質問に対し、「共済は掛け捨てに移行している。」と回答したことは、請求人が本件税理士に対して故意に虚偽の説明をしたのか、という点である。

原処分庁の主張

1　請求人が、解約返戻金相当額の記載のある本件証明書を取得したこと、本件各共済契約の一部について共済契約者等の名義を請求人に変更する手続を行ったこと、本件各共済契約のうち満期となった契約について満期共済金の支払請求手続を行ったことなどからすれば、請求人は、本件相続開始日時点における本件各権利の存在とそ

の財産的価値を認識していたと認められ、本件各権利を本件相続税の課税財産として申告する必要があると認識していたと認められる。そして、請求人は、本件各権利を本件相続税の課税財産として申告する必要があると認識していたにもかかわらず、本件各権利を本件申告において申告していなかったのであるから、当初から相続財産を過少に申告することを意図していたものと認められる。

2　請求人は、上記(1)のとおり、本件各権利を本件相続税の課税財産として申告する必要があると認識しており、本件税理士から相続税額の計算案や説明を複数回受けていることからすると、請求人が本件税理士に本件各権利の話を一切行わないことは著しく不自然であり、本件税理士が集計した相続財産の資料を確認し、本件各権利が申告から漏れていることを認識できないはずがないのだから、請求人が本件税理士が集計した財産に本件各権利が含まれていないことに気付かなかったとは認められない。加えて、請求人は、本件税理士に対し、本件各共済契約は掛け捨て型のものであると故意に虚偽の説明をし、本件税理士に本件相続税の課税財産として申告すべき損害保険金はないとの誤解を生じさせ、本件税理士に本件証明書を提示ないしは本件各権利があることを説明すれば、上記誤解は解けるにもかかわらず、本件証明書を取得した以降、本件申告書を提出するまでの間、本件税理士から相続税額の計算案や説明を複数回受けている際に、本件各権利の存在を本件税理士に伝えていないのであるから、請求人には、過少申告の意図を外部からもうかがい得る特段の行動があったといえる。

裁　決

1　法令解釈

　通則法第68条第1項に規定する重加算税の制度は、納税者が、過少申告をするについて隠蔽、仮装という不正手段を用いていた場合に、

過少申告加算税よりも重い行政上の制裁を科することによって、悪質な納税義務違反の発生を防止し、もって申告納税制度による適正な徴税の実現を確保しようとするものである。

したがって、重加算税を課するためには、納税者のした過少申告行為そのものが隠蔽、仮装に当たるというだけでは足りず、過少申告行為そのものとは別に、隠蔽、仮装と評価すべき行為が存在し、これに合わせた過少申告がされたことを要するものである。しかし、上記の重加算税制度の趣旨に鑑みれば、架空名義の利用や資料の隠匿等の積極的な行為が存在したことまで必要であると解するのは相当でなく、納税者が、当初から過少に申告することを意図し、その意図を外部からもうかがい得る特段の行動をした上、その意図に基づく過少申告をしたような場合には、重加算税の賦課要件が満たされるものと解すべきである（最高裁平成7年4月28日第二小法廷判決・民集49巻4号1193頁参照）。

2 判 断

(1) 本件税理士による「損害保険はどうなっていますか。」との質問は、本件税理士が本件被相続人の相続財産の確認をするための聞き取りでなされた質問であり、本件税理士としては、本件被相続人の相続財産の中に申告すべき損害保険契約に関する権利があるかどうか、すなわち本件被相続人が本件相続開始日において満期返戻金や満期共済金の支払のある損害保険契約を締結していたかどうかを尋ねる趣旨で行ったものであると認められる。

もっとも、本件税理士による上記の質問の文言のみからは、被質問者である請求人に上記趣旨であることが明示されているとは認められず、そのような趣旨を被質問者に明示せずに損害保険についてどうなっているかと質問した場合には、被質問者において、損害保険の状況一般についての質問であると誤解する可能性も否定できな

いことから、請求人が主張するように、請求人において、本件税理士による上記の質問の趣旨を取り違えて、損害保険の状況一般についての質問であると誤解していた可能性がある。

(2) そして、共済掛金や保険料の支払は賃貸不動産ごとに開設された本件農協支店の本件被相続人名義の各普通貯金口座から行われていたところ、建物更生共済契約に係る共済掛金が支払われていた普通貯金口座においては、翌年の同一期間において建物更生共済契約に係る共済掛金の支払がなく、建物更生共済契約以外の保険料や共済掛金が支払われていること、個人用火災総合保険契約に係る本件被相続人名義の申込書において、加入済みの他の保険契約として〇〇〇〇の建物共済契約のみが記載されていることからすれば、当該口座に係る賃貸不動産の損害保険は、建物更生共済契約から掛け捨ての損害保険へと移行されたものといえる。

また、平成25年1月23日に建物更生共済契約に係る共済掛金が支払われていた普通貯金口座において、同年6月14日には建物更生共済契約以外の保険料や共済掛金が支払われていることからすると、当該口座に係る賃貸不動産についても、建物更生共済契約から掛け捨ての損害保険へと移行された可能性がある。

上記のことからすれば、「共済は掛け捨てに移行している。」との請求人による回答は、必ずしも虚偽であるとまではいえない。

(3) さらに、請求人が本件申告書の作成のために本件税理士に預けた本件農協支店の本件被相続人名義の各普通貯金通帳の中には、摘要欄に「建更」と表示された出金が記録され、本件各共済契約に係る共済掛金の支払が確認できるものもあったことに照らすと、本件税理士が上記各普通貯金通帳を子細に確認すれば、本件各権利の存在に気付き、請求人にその事実照会等を行うことも考えられたことに鑑みると、請求人が本件税理士に対して、本件各共済契約、ひいては、本件各権利を秘匿しようという意図があったとまで認めること

はできない。

(4)　そうすると、請求人が、本件税理士からの「損害保険はどうなっていますか。」との質問を受けて、損害保険の状況一般についての質問であると誤解し、各賃貸物件の損害保険の状況を念頭において、「共済は掛け捨てに移行している。」との回答をした可能性を否定できず、請求人が本件税理士に対して故意に虚偽の説明をしたものと認めることはできない。

(5)　以上のとおり、請求人による上記の回答については、請求人が本件税理士に対して故意に虚偽の説明をしたものと認めることはできない。

　　そうすると、請求人が本件税理士に当該回答をした事実をもって、請求人が、当初から過少に申告することを意図し、その意図を外部からもうかがい得る特段の行動をしたと認めることはできず、他にこれに該当すべき事情も見当たらない。

立証ポイント

1　法令解釈

　本件のように、積極的な隠蔽又は仮装行為がない場合において、重加算税の賦課要件を満たすかどうかを判断する基準としては、「納税者が、当初から過少に申告することを意図し、その意図を外部からもうかがい得る特段の行動をした上、その意図に基づく過少申告をしたような場合には、重加算税の賦課要件が満たされるものと解すべきである」との最高裁平成7年4月28日第二小法廷判決（民集49巻4号1193頁参照）が採用されることが多い。

2　事実認定

(1)　裁決では、本件各権利が本件申告において申告漏れとなった原因としては、請求人が本件税理士からの「損害保険はどうなっていま

すか。」との質問に対して「共済は掛け捨てに移行している。」との回答をし、本件税理士が、当該回答を受けて、本件被相続人の相続財産中に申告すべき損害保険契約に関する権利はないものと誤解したこと、その後も、請求人は本件税理士に本件証明書を提示することも、本件各権利があることを説明することもしなかったため、本件税理士が上記の誤解をしたまま、本件申告書を作成したことによるものと考えられるとした。

(2)　請求人が本件各権利を本件相続税の課税財産として申告する必要があると認識しているにもかかわらず、本件各権利を隠蔽するために請求人が本件税理士に対して故意に上記の回答をしたのであれば、過少申告の意図を外部からもうかがい得る特段の行動があるかどうかを判断するについて、重要な事実となる。

　　そこで、裁決では、本件各権利を隠蔽するために請求人が本件税理士に対して故意に上記の回答をしたのかどうかについて、検討している。

(3)　裁決では、(1)税理士の質問が漠然としており、請求人が質問の趣旨を誤解する可能性を排除できないこと、(2)請求人の税理士に対する「共済は掛け捨てに移行している。」との回答と矛盾しない事実が存在すること、(3)請求人が本件税理士に預けた本件農協支店の本件被相続人名義の各普通貯金通帳の中には、摘要欄に「建更」と表示された出金が記録され、本件各共済契約に係る共済掛金の支払が確認できるものもあったことに照らすと、本件税理士が上記各普通貯金通帳を子細に確認すれば、本件各権利の存在に気付き、請求人にその事実照会等を行うことも考えられること、などを認定した。

　　その上で、請求人による上記の回答については、請求人が本件税理士に対して故意に虚偽の説明をしたものと認めることはできないと判断した。

(4)　請求人が本件税理士に対して故意に虚偽の説明をしたと認定され

るのを障害する事実、すなわち請求人に有利な事実としては、

(ア)　故意による虚偽の説明と矛盾する行動、

(イ)　虚偽説明の故意がない（申告意図がある）からこそとった行動、

(ウ)　虚偽説明の意思の一貫性と矛盾する行動、

(エ)　故意による虚偽説明の意思があるならば、当然行っているであ
　　ろう行動の不存在、

(オ)　故意による虚偽説明以外の可能性がある事情、

などが考えられる。

　(1)税理士の質問が漠然としており、請求人が質問の趣旨を誤解する可能性を排除できないことは(オ)に該当し、(2)請求人の税理士に対する「共済は掛け捨てに移行している。」との回答と矛盾しない事実が存在することは(オ)に該当し、(3)請求人が本件税理士に預けた本件農協支店の本件被相続人名義の各普通貯金通帳の中には、摘要欄に「建更」と表示された出金が記録され、本件各共済契約に係る共済掛金の支払が確認できるものもあったことに照らすと、本件税理士が上記各普通貯金通帳を子細に確認すれば、本件各権利の存在に気付き、請求人にその事実照会等を行うことも考えられることは、(ア)及び(エ)に該当する。虚偽説明の故意があったならば、隠蔽又は仮装の事実の証拠になる通帳を隠すなどの行動を取るのが自然だからである。

　これらの事実を主張立証し、故意の虚偽説明が真偽不明となった結果、隠蔽又は仮装の事実が否定された。

　裁決では指摘されていないが、税務調査において、申告漏れの証拠となるような資料を隠そうともせず素直に提出しているような事情があれば、上記(ウ)に該当し、請求人に有利な事情になる。

事例

8 売上メモから日計表への転記における売上の過少記載

令和3年6月22日裁決

飲食業を営む請求人が、原処分庁所属の調査担当職員の調査を受け、所得税等及び消費税等の各修正申告をしたところ、原処分庁が、請求人が売上メモに記載した売上金額を日計表へ転記する際に売上金を過少に記載したのは隠蔽又は仮装であるとして、重加算税等の各賦課決定処分をした事案

事案の概要

1 請求人は、平成20年頃から「G」という屋号で飲食業を営む個人事業主であり、青色申告の承認を受けていた。

以下、請求人が営む事業を「本件事業」という。

2 請求人は、本件事業に係る売上げについて、請求人又は従業員が、来店客の注文を受けた際、店内飲食に係る伝票（以下「本件伝票」という。）を作成した上、1日に2回程度、本件伝票の各売上金額を集計し、それを記載したメモ紙（以下「本件売上メモ」という。）を作成していた。そして、請求人は、本件売上メモ等を基として、本件事業の営業日ごとに売上げの金額、仕入れ等の支出額、現金残高等を記録するため日計表（以下「本件日計表」という。）を作成していた。

3 請求人は、本件事業に係る記帳事務をH商工会に委託し、本件日計表と本件事業で使用している請求人名義の預金通帳等を同商工会に持参して、総勘定元帳を作成（以下、本件事業に係る総勘定元帳を「本件元帳」という。）してもらい、所得税（平成25年分以降については所得税及び復興特別所得税。以下、所得税と所得税及び復興特別所得税とを区別せずに「所得税等」という。）並びに消費税

及び地方消費税（以下「消費税等」という。）の各確定申告をして
いた。

4　原処分庁所属の調査担当職員は、令和元年11月14日、請求人
に対する調査に着手した。

　　以下、請求人に対する調査を「本件調査」といい、本件調査を行っ
た原処分庁所属の調査担当職員を「本件調査担当職員」という。

5　本件調査担当職員は、令和元年11月18日、請求人から、電話で、
売上金額を過少に申告している旨の連絡を受けたことから、同日及
び同月19日の両日、請求人とJ税務署において面談の上、請求人
への質問調査を行い、質問と応答の要旨を記録した質問応答記録書
（以下「本件質問応答記録書」という。）を作成した。

　　本件質問応答記録書には、請求人は、平成24年から税負担を少
しでも少なくするために、麺1玉当たりの売上金額が高い本件伝票
を複数枚選び、当該各伝票に記載された金額を本件売上メモに記載
していた金額から減算し、減算後の売上金額を本件日計表に記載す
る方法により、平成30年以前各年分の所得税等及び平成30年以
前各課税期間の消費税等について、本件事業に係る売上金額を実際
より少なくして申告した旨記載されていた。

　　以下、請求人が本件伝票から減算の対象として選んだ複数枚の伝
票を「本件各減算伝票」という。

6　請求人は、本件調査の結果の説明及び修正申告の勧奨を受け、令
和元年12月13日、平成30年以前各年分の所得税等の各修正申告
書、平成30年以前各課税期間の消費税等の各修正申告書にそれぞ
れ署名押印をして原処分庁に提出した。

7　原処分庁は、令和元年12月26日付で、平成30年以前各修正申
告に対し、過少申告加算税及び重加算税の各賦課決定処分をした。

争　点

⑴　請求人には、通則法第23条第1項に規定する事由があるか
否か（争点1）。

⑵　請求人の本件各年分の所得税等及び本件各課税期間の消費税
等について、通則法第68条第1項に規定する「隠蔽し、又は
仮装し」に該当する事実があったか否か（争点2）。

⑶　請求人に、通則法第70条第4項に規定する「偽りその他不
正の行為」に該当する事実があったか否か（争点3）。

本書では、争点⑵のみ扱うこととする。

原処分庁の主張

1　請求人は、本件各年分の店内飲食に係る売上げについて、本件伝
票を集計し、本件売上メモを作成することにより、正しい売上金額
を把握していた。

　それにもかかわらず、請求人は、経営が軌道に乗り始めた平成
24年から本件調査に至るまで、本件売上メモに記載した売上金額
を本件日計表へ転記する際、初めから過少申告をする意図をもって、
本件各減算伝票に係る売上金額を減算し、過少な売上金額を本件日
計表に記載し、真実の売上金額を記載した本件売上メモ及び本件各
減算伝票を意図的に廃棄した。

2　そして、請求人は、売上金額を過少に記載した本件日計表をH商
工会に提示することにより、課税標準等及び税額等が過少な各確定
申告書を作成し、提出したことにより、本件各年分の店内飲食に係
る売上げの一部を故意に申告していなかったのであり、これらの行
為は、通則法第68条第1項に規定する「隠蔽し、又は仮装し」に該
当する。

3　また、請求人は、本件各年分及び本件各課税期間において隠蔽仮

装行為を行っていることを認め、自らの意思に基づき、本件各修正
申告書に署名押印し提出している。

1　請求人が、本件調査以前、本件日計表の作成に際して、初めから
過少申告の意図をもって、本件各減算伝票を廃棄することにより本
件事業での売上げの一部を意図的に除外し、実際の売上金額よりも
過少な金額が記載された本件日計表を作成していたこと（以下「本
件隠蔽仮装行為」という。）について、原処分庁、請求人ともに争
いはない。

　他方、原処分庁は、本件質問応答記録書の請求人の申述に基づき、
本件隠蔽仮装行為の始期が平成24年からであると主張するのに対
し、請求人は、本件質問応答記録書の申述の信用性を争う趣旨と解
される主張をするので、以下、請求人の申述の信用性について検討
する。

2　本件質問応答記録書によれば、請求人は、本件調査担当職員に対
し、要旨、以下のとおり申述した。

　A　全ての営業日について、以前より令和元年11月12日まで、私は、
　　本件売上メモに正確な売上金額を記載しているにもかかわらず、
　　その金額によらず、本件各減算伝票に記載された売上金額を本件
　　売上メモに記載している金額から減算し、減算後の売上金額を本
　　件日計表に記載していた。

　B　本件売上メモは、本件日計表に金額を記載した時点で店舗のご
　　み箱に捨て、本件各減算伝票は、自宅へ持って帰り、自室のごみ
　　箱に捨てていた。

　C　1日の店舗内での飲食に係る売上金額の3%から5%を目安とし
　　て売上金額を少なくして申告していた。

　D　平成20年に開業してからしばらくの間は、きちんと申告しても

売上げが少なく所得税が発生していなかったが、経営が軌道に乗り始めた平成24年から税負担を少しでも少なくするために、売上金額を過少に申告していた。

3　本件調査担当職員は、当審判所に対し、要旨、以下のとおり答述した。

本件調査担当職員が、上記の本件質問応答記録書を作成する際、請求人に対し、本件隠蔽仮装行為の始期について尋ねたところ、請求人は経営が軌道に乗り始めた頃である旨の回答をした。そのため、本件調査担当職員は、一旦、請求人の過去の所得税等の申告事績を確認して、請求人が平成24年分から所得税等を納税していることを確認した。そして、本件調査担当職員は、改めて翌日、請求人に対し、経営が軌道に乗り始めた頃とはいつからかと具体的に尋ねたところ、請求人は、税金を納め始めた頃だと申述したため、請求人が税金を納め始めた時期を平成24年からであることを請求人に確認させて上記の質問応答記録書を作成するに至った。

4　請求人は、平成24年から本件隠蔽仮装行為を開始した旨申述する。

しかしながら、上記の本件調査担当職員の答述は、請求人が本件隠蔽仮装行為の始期を申述した経緯を具体的かつ詳細に答述するものであり、特に信用性を疑う点がないことからその答述内容どおりの事実が認められる。そうすると、請求人は、本件調査担当職員による質問の当初、本件隠蔽仮装行為の始期について、経営が軌道に乗り始めた頃である旨の曖昧な申述をするにとどまり、その始期を明確に答えることができなかったというのであるから、請求人は本件隠蔽仮装行為の始期に関して、そもそも明確な記憶を持っておらず、その記憶は曖昧なものであったと認められる。そして、上記に述べた経緯からすれば、請求人が平成24年から納税を開始した旨の申述は、自発的な申述をしたのではなく本件調査担当職員の教示

に沿う形で申述した程度にすぎないものというべきである。

5　そして、本件では、請求人が本件事業に係る所得税等について平成24年分から納税をしているとすれば、本件隠蔽仮装行為の始期とされる「本件事業の経営が軌道に乗り始めた頃」及び「税金を納め始めた頃」とは、早くても平成24年分のH商工会の指導に基づく決算や確定申告が終了し、所得税等の税額が確定する平成25年以降を指すと考えるのが自然であるのに、請求人が本件質問応答記録書において、これを平成24年からと申述しているのは、客観的事実とも整合せず、不自然であるともいえる。

6　さらに、原処分庁提出の証拠及び当審判所の調査の結果によっても、本件隠蔽仮装行為の始期が平成24年であるとする申述について、その内容を裏付けるそのほかの証拠も存在しない。

7　したがって、上記の各事情を併せ考えれば、本件質問応答記録書のうち、本件隠蔽仮装行為の始期に関する申述の信用性は必ずしも高いと評価することはできず、また、当審判所の調査の結果を踏まえても本件隠蔽仮装行為の始期を平成24年であると認めることはできない。

8　以上のとおり、上記の本件隠蔽仮装行為の始期に関する請求人の申述は直ちに信用できず、また、そのほかに本件隠蔽仮装行為の始期が平成24年からであると認めることができる証拠もないから、平成24年から本件隠蔽仮装行為が始まったとする事実を認めることができない。また、当審判所の調査の結果を踏まえても、請求人が争っている本件各年分及び本件各課税期間において、他に請求人によって本件隠蔽仮装行為がなされたことを示す証拠もないから、請求人に、通則法第68条第1項に規定する「隠蔽し、又は仮装し」に該当する事実があったとは認められない。

立証ポイント

1　本件は、飲食業を営む請求人が、原処分庁所属の調査担当職員の調査を受け、所得税等及び消費税等の各修正申告をしたところ、原処分庁が、請求人が売上メモに記載した売上金額を日計表へ転記する際に売上金を過少に記載したのは隠蔽又は仮装であるとして、重加算税等の各賦課決定処分をした事案である。

2　請求人は、税務調査を本件調査以前、本件日計表の作成に際して、初めから過少申告の意図をもって、本件各減算伝票を廃棄することにより本件事業での売上げの一部を意図的に除外し、実際の売上金額よりも過少な金額が記載された本件日計表を作成していたこと（以下「本件隠蔽仮装行為」という。）について、原処分庁、請求人ともに争いはない。請求人が、調査担当職員に対し、電話で売上金額を過少に申告している旨の連絡をしたことにより、調査担当職員は、質問応答記録書を作成し、請求人が売上メモに記載した売上金額を日計表へ転記する際に売上金を過少に記載することによって過少申告をした旨を記録した。

3　裁決では、本件隠蔽仮装行為の始期について、請求人が、本件調査担当職員による質問の当初、本件隠蔽仮装行為の始期について、経営が軌道に乗り始めた頃である旨の曖昧な申述をするにとどまり、その始期を明確に答えることができなかった点に着目し、請求人は本件隠蔽仮装行為の始期に関して、そもそも明確な記憶を持っておらず、その記憶は曖昧なものであったと認定した。そして、請求人が平成24年から納税を開始した旨の申述をしたが、それは自発的な申述をしたのではなく本件調査担当職員の教示に沿う形で申述した程度にすぎないと認定した。

　また、請求人が本件事業に係る所得税等について平成24年分から納税をしていることから、本件隠蔽仮装行為の始期とされる「本件事業の経営が軌道に乗り始めた頃」及び「税金を納め始めた頃」

とは、早くても平成24年分のH商工会の指導に基づく決算や確定申告が終了し、所得税等の税額が確定する平成25年以降を指すと考えるのが自然であるのに、請求人が本件質問応答記録書において、これを平成24年からと申述しているのは、客観的事実とも整合せず、不自然であるとして、請求人の申述の信用性を否定した。

4　その結果、その他の証拠資料によっては、本件隠蔽仮装行為の始期を認定することができず、通則法第68条第1項に規定する「隠蔽し、又は仮装し」に該当する事実があったとは認められないと結論した。

5　裁決では、本件隠蔽仮装行為の始期を明確に立証しなければ隠蔽仮装行為自体が否定されるとの前提で判断されている。しかし、事実認定には、「遅くとも認定」がある。「遅くとも認定」とは、明確な時期を認定することはできなくても、「遅くとも●年には隠蔽仮装行為が始まっていた」と認定する手法である。例えば、福岡地裁令和元年10月30日判決（TAINS　Z269－13334）は、「原告は、遅くともD税理士らに本件預け金及び本件贈与金の存在に触れずに相続税の申告について相談・依頼した時において、本件相続に係る相続税について過少申告の意図を有していたところ（この限度では当事者間に争いがない。）、上記(1)のとおり、上記①の「当初から過少に申告することを意図し」ていたとは、相続開始時から過少申告の意図があったことを要するものではなく、過少申告の意図を外部からもうかがい得る特段の行動の時及び申告の時に過少申告の意図があったことをもって足りるというべきであるから、上記①の点は満たす。」との判断を行っている。

　本件でも、他の事実関係次第では、「事業の経営が軌道に乗り始め税金を納め始めた平成25年に隠蔽仮装が始まったとはいえないとしても、遅くともその翌年である平成26年頃からは隠蔽仮装行為が始まっていたと認めることができる」という認定がされる可能

性がある。

6 そうであるとすれば、請求人としては、平成24年から隠蔽又は仮装行為が始まった旨の認定を妨害するだけではなく、可能な限り隠蔽又は仮装行為を開始した時期を遅らせる主張立証活動をすべきことになる。

> 　請求人が、相続税の申告において相続税の課税価格の計算上債務控除をしていた借入金は存在しない債務であり、あたかも同債務が存在したかのように装って金銭借用証書を作成し、当該債務控除をしたとして重加算税の賦課決定処分がされた事案

事案の概要

1　G（以下「本件被相続人」という。）は、平成29年8月○日に死亡し、同日、その相続（以下「本件相続」という。）が開始した。本件相続に係る共同相続人は、本件被相続人の長男である請求人と二男であるHの2名である。

2　J社（以下「本件法人」という。）は、請求人及びHが発行済株式の全てを有する不動産の売買、賃貸及び管理業務等を目的とする会社である。

3　本件被相続人及び本件法人は、土地及び2棟の建物（以下、「本件各建物」という。）を、売買代金47,000,000円で買い受ける旨の売買契約（以下「本件売買契約」という。）を締結した。

4　上記の売買代金は、手付金2,000,000円を契約締結と同時に、残代金45,000,000円を平成29年5月9日までに支払うこととされ、当該手付金は、本件被相続人が現金で支払った。

　請求人は、M信用金庫の融資担当者に対し、請求人と本件被相続人との連名で作成された平成29年4月3日付の「借入趣意書」と題する書面を提示して、本件被相続人による本件土地の購入資金として20,000,000円の融資の可否について打診したが、融資担当者は、上記の打診を断った。

5　本件被相続人及び請求人は、平成29年4月27日付で、本件被相続人が請求人から現金5,000,000円を借り入れた旨の「金銭（一時）借用証書」（以下「本件証書」という。）を作成した。本件証書には、貸主として請求人の記名、借主として本件被相続人の記名及び押印があり、本件被相続人が、平成29年4月27日、上記5,000,000円を一時借り入れた旨の記載がある（以下、本件証書に本件被相続人が借り入れたとして記載された5,000,000円を「本件5,000,000円」という。）。

6　本件被相続人及び本件法人は、平成29年4月27日付で、本件法人が本件被相続人から現金5,000,000円を借り入れた旨の金銭借用証書（以下「4月27日付法人借用証書」という。）を作成した（以下、本件法人が借り入れたとする5,000,000円を「本件金員」という。）。4月27日付法人借用証書には、貸主として本件被相続人の記名、借主として本件法人の記名及び社判の押印があり、本件法人が、平成29年4月27日、本件金員を本件各建物の購入費用として借り入れた旨の記載がある。

7　請求人は、平成29年4月27日、M信用金庫の請求人名義の普通預金口座（以下「請求人預金口座」という。）から現金5,000,000円を出金し、同日、同信用金庫の本件法人名義の普通預金口座（以下「法人預金口座」という。）へ入金した。

8　請求人及びHは、本件相続に係る相続税（以下「本件相続税」という。）について、法定申告期限までに、本件相続税の申告（以下「本件申告」という。）をした。本件申告書には、本件被相続人の債務として、請求人からの借入金14,600,000円が計上され、当該借入金は請求人が負担する旨の記載があり、別件証書及び本件証書の写しが添付されていた。

　なお、4月27日付法人借用証書に係る本件被相続人の本件法人に対する債権の記載はなく、同債権は本件相続税の課税財産に含ま

れていなかった。

争 点

　請求人の被相続人に対する貸付金はなく、借用証書を作成したことが仮装に当たるか。

原処分庁の主張

1　請求人は、本件5,000,000円に係る借入金が実際には存在しないにもかかわらず、相続税の債務控除の適用を受けるため、本件被相続人が本件法人に本件金員を貸し付けるために請求人からその原資（本件5,000,000円）を借り入れていたかのように仮装する目的で本件証書を作成した。

　　したがって、請求人に通則法第68条第1項に規定する「仮装」に該当する事実があった。

2　以下によれば、本件5,000,000円に係る借入金は存在しない。

　イ　本件証書記載の作成日において、請求人預金口座から出金された現金5,000,000円は、本件被相続人の預貯金の口座を経由することなく、法人預金口座へ入金されており、請求人から本件被相続人への金銭の交付はない。

　ロ　また、本件被相続人は、本件法人の役員になったことも本件法人に対して出資をしたこともないから、本件被相続人が本件法人に貸付けをする合理的な理由はない上、本件法人に貸付けをするとしても、本件被相続人は当時75,000,000円以上の預貯金を有していたから請求人から借入れをする必要はなかった。

　ハ　さらに、本件法人の平成29年1月1日から同年8月31日までの期間に係る取引の記載がある総勘定元帳においても、本件金員の借入先は請求人として作成された後に、同借入先が本件被相続

人へ手書きで訂正されているところ、少なくとも、平成29年8月31日までは、本件法人の会計処理上も、本件法人は、本件被相続人ではなく請求人から本件金員の借入れをしたものとされていたことが分かる。

ニ　この点、請求人も、本件調査担当職員に対し、本件5,000,000円の借用に本件被相続人は関与せず実際に請求人から本件被相続人への貸付けは行われていない旨及び本件証書の写しを本件申告書に添付することによって存在しない債務の計上を行った旨の申述を行い、当該申述に従った内容の本件修正申告を行っている。

3　本件証書には、貼付されるべき印紙の貼付がなく、また同時期に請求人と本件被相続人が作成した別件証書には付されている公証人の確定日付印もないことに加えて、本件証書記載の同日付で、同額の借入れについて、その使途の記載を削除した証書（以下「本件証書類似の証書」という。）が別途作成されているなど不合理な点がある。

裁　決

1　法令解釈

通則法第68条第1項に規定する重加算税は、通則法第65条第1項に規定する過少申告加算税を課すべき納税義務違反が、課税要件に係る事実の全部又は一部を隠蔽し、又は仮装する方法によって行われた場合に課されるものであるところ、ここでいう「事実を仮装する」とは、所得、財産あるいは取引上の名義等に関し、あたかも、それが事実であるかのように装う等、故意に事実をわい曲することをいうと解される。

2　判　断

(1)　請求人及び本件被相続人は、本件売買契約に係る代金の決済に当

たり、当初はその代金の一部である20,000,000円について、本件被相続人を借主とする融資をM信用金庫から受けることを予定していたところ、当該融資がとん挫したことが認められる。このような融資のとん挫の経緯や、現金5,000,000円が本件売買契約の代金決済日に近接した平成29年4月27日に入金されていること及び本件証書の表題に一時的な貸借であることを意味する「一時」と付されていること等からすれば、本件被相続人が十分な金額の預貯金を有していた事実を踏まえても、請求人が本件被相続人に本件5,000,000円の貸付けをすることとしたとしても不自然であるとまではいえない。

(2)　この点、請求人の本件被相続人に対する本件5,000,000円の貸付事実に関し、質問応答記録書に、請求人が、本件5,000,000円について、本件被相続人に対する貸付けはしておらず、本件申告において存在しない債務の計上をした旨自認する記載があるものの、これを除けば、請求人は、請求人から本件被相続人に本件5,000,000円を貸し付け、本件被相続人から更に本件法人に本件金員を貸し付けたものである旨、及び本件証書は、これらの事実に基づいて作成した旨の主張に沿う内容をおおむね一貫して述べており、更に本件調査担当職員から、本件被相続人の預貯金の口座に入金されていないのであれば、本件5,000,000円に係る借入金は存在しないこととなる旨告げられていたことも認められるから、これらの事情に照らせば、質問応答記録書に上記のとおり記載された請求人の回答内容については、本件被相続人と本件法人のいずれへの貸付けであるかについては特に重視していないことがうかがえる請求人において、本件調査担当職員に上記のとおり告げられたことにより、本件被相続人への貸付けというためには本件被相続人に対する直接の送金が不可欠であるということであれば、本件被相続人に対する貸付けではなかったということでも構わないという認識でされたものであると

見ることも否定できない。

　そうすると、質問応答記録書の記載内容をもって、本件5,000,000円に係る借入金の存在を否定することまではできないし、請求人に本件5,000,000円が本件被相続人の債務となるよう仮装をした事実やその意思があったとまでは認めることはできない。

(3)　そして、請求人から本件被相続人へは本件5,000,000円に相当する金員が直接送金されていないものの、本件証書にわざわざ「一時」と記載されていることなどの事情に照らすと、請求人が述べるとおりの経緯で暫定的に請求人から本件被相続人に対する貸付けが行われた可能性もあるのであるから、直接送金がされていない事実をもって、直ちに請求人から本件法人への貸付けであったと認定することもできない。

(4)　以上によれば、当審判所の調査及び審理の結果によっても、本件被相続人の請求人に対する本件5,000,000円に係る借入金がなかったと認めることはできず、同様に本件5,000,000円を原資とした本件被相続人の本件法人に対する4月27日付法人借用証書に係る貸付けについてもこれを否定するに足りる証拠はない。

　したがって、請求人は、存在しない債務を実際に存在するかのように仮装していたとは認められないから、請求人に通則法第68条第1項の「仮装」に該当する事実があったとは認められない。

立証ポイント

1　本件は、相続税申告において、債務控除の対象とされた請求人からの借入金が存在しないにも関わらず、これが存在するかのように仮装するため、借用証書等を作成したことが「仮装」といえるかどうかが争点となった事案である。

2　金銭消費貸借契約では、①返還の合意、②金銭の交付、の2つが必要であることから、本件では、本件調査担当職員が、本件被相続

人の預貯金の口座に入金されていないのであれば、上記②の交付が
ないため、本件5,000,000円に係る借入金は存在しないこととなる
と判断したものと推測する。

　しかし、請求人が被相続人に対して金銭を貸付け、被相続人が返
済する旨合意し、振込先を本件法人の預金口座として振込がなされ
たとしても、金銭の交付があったことになる。したがって、上記調
査担当職員の判断は誤りである。

3　原処分庁の立証の決め手は、質問応答記録書であった。質問応答
記録書には、請求人は本件借入金が存在しない旨の供述をした記載
があるが、それは、調査担当職員が誤った認識を請求人に対して述
べたことにより、本件被相続人への貸付けというためには本件被相
続人に対する直接の送金が不可欠であるということであれば、本件
被相続人に対する貸付けではなかったということでも構わないとい
う認識でされたものであると見ることも否定できない、と認定した。

　仮に、質問応答記録書において、隠蔽又は仮装を認めたかのよう
な記載がされたとしても、それは、請求人が質問、あるいは意味を
誤解したためであると反論可能であり、それが経験則上あり得るこ
とであれば、本件のように処分取消の結論になることがある。

4　この部分が崩れてしまうと、他の状況証拠をもってしては、借入
金が存在しないことを立証するには足りず、重加算税賦課決定の取
消との結論となった。

5　本件のような誤った重加算税賦課決定がなされる可能性があるた
め、金銭消費貸借契約を締結する場合には、本件のように中間省略
による振込をするのではなく、中間者の預金口座を経由して最終借
入人の預金口座に、貸金を振り込むことが望ましい。

事例

10 第三者（非税理士）代理人による仮装行為

令和3年3月24日裁決

請求人が、第三者に依頼して所得税等の修正申告を行ったところ、請求人から所得税等の確定申告書作成の依頼を受けた第三者が事実を仮装して確定申告書を提出し、当該第三者の行為は請求人の行為と同視できるとして、請求人に対して重加算税の賦課決定処分がされた事案

事案の概要

1　請求人は、平成27年11月10日から令和元年5月31日までの間、F社（以下「本件法人」という。）が経営するキャバクラ店「G」（以下「本件店舗」という。）において、ホステス業を営んでいた。請求人は、本件法人からホステス業に係る報酬を受領しており、本件法人は、請求人から当該報酬に係る所得税及び復興特別所得税（以下、併せて「所得税等」という。）を源泉徴収していた。

2　請求人は、平成29年分の所得税等の確定申告書の作成及び提出について、本件店舗の常連客であったHに依頼することとし、平成30年2月8日、Hに対し、平成28年分の所得税等の確定申告書の控え、「確定申告書チェックリスト」と題する書類及び領収書類、並びに本件法人作成の「平成29年分報酬、料金、契約金及び賞金の支払調書」（支払金額○○○○円、源泉徴収税額○○○○円と各記載されたもの。以下「本件真正支払調書」という。）及び平成29年分の「ホステス報酬明細書」と題する書面を手交し、確定申告書の作成及び提出に係る費用として27,000円を現金で支払った。

3　請求人は、平成29年分の所得税等の確定申告書を法定申告期限までに原処分庁に提出しなかった。

4　請求人は、Hから確定申告について連絡がなかったことから、平成30年5月、請求人の平成29年分の所得税等の確定申告書が提出されているかを原処分庁に確認したところ、未提出である旨の回答があったため、Hに対し、同申告書の提出を催促した。

5　Hは、請求人に係る本件法人名義の虚偽の内容の「平成29年分報酬、料金、契約金及び賞金の支払調書」（支払金額〇〇〇〇円、源泉徴収税額〇〇〇〇円と各記載したもの。以下「本件虚偽支払調書」という。）を作成の上、別表の「確定申告」欄のとおり記載した請求人の平成29年分の所得税等の確定申告書（以下「本件申告書」という。）及び平成29年分所得税青色申告決算書（一般用）（以下「本件決算書」という。）を作成し、平成30年5月10日、本件虚偽支払調書を添付して、本件申告書及び本件決算書を原処分庁に提出した。また、Hは、同日、請求人に対し、本件申告書の控えの画像データを送信した。

6　請求人は、Hに預けた上記ハ記載の資料及び本件申告書の控えが返却されなかったことから、Hにこれら資料の返却を依頼したところ、Hは、平成30年8月23日付のゆうパックで、請求人にこれら資料を返却した。

7　原処分庁所属の調査担当職員（以下「調査担当職員」という。）は、令和元年5月28日、請求人に対する平成29年分及び平成30年分の所得税等に係る調査を開始し、請求人は、調査担当職員から修正申告の勧奨を受け、令和元年10月21日、K税理士を税務代理人として、平成29年分の所得税等の修正申告書を原処分庁に提出した。

8　原処分庁は、令和元年11月21日付で、重加算税の賦課決定処分（原処分）をした。

事例
10

争 点

(1) Hは、請求人の平成29年分の事業所得に係る必要経費の過大計上につき、事実の隠蔽又は仮装行為を行ったか否か。

(2) 本件申告書の提出に係るHの行為は、請求人の行為と同視できるか否か。

原処分庁の主張

1 Hは、請求人からの本件申告書の作成依頼を受けて、源泉徴収税額を実際より多く記載した本件虚偽支払調書を偽造したほか、自宅家賃及び水道光熱費など事業に全く関係のないものや支払事実のないものまでをも必要経費に算入した試算表（以下「本件試算表」という。）を作成した上で、これらに基づいて本件申告書を作成し、原処分庁に提出した。

したがって、Hは、必要経費の計上についても、事実の隠蔽又は仮装行為を行ったものである。

2 納税者は、他人に申告を委任する場合に、誠実に受任者を選任し、適法に申告するように受任者を監視・監督すべきところ、以下のとおり、請求人はこれを怠ったといえるから、Hの行為は、請求人の行為と同視することができる。

請求人は、Hに申告書の作成を依頼すれば作成費用や納税額が安くなるなどの噂を聞いていたことから、いかなる手段によるかを問わず、自らが受領する所得税等の還付金が増加することのみを期待して、税理士の資格を有していないHに対し、確定申告書の作成及び提出を包括的に委任した。

なお、Hの言動等からしても、Hが税理士であることを信じるに足りる状況は見当たらない。

3 請求人は、本件領収書の日付欄の改ざんを黙認し、生活費等も経費に算入する旨のHの甘言に乗って事業に全く関係のない支払に

88

係る領収書類をHに手渡すなど、Hが隠蔽又は仮装行為により所得税等の還付金を増やす可能性を予想していただけでなく、自らそれに沿う行動をしていた。

　また、請求人は、本件申告書の内容を提出前に確認せず、提出後も、Hから本件申告書の控えの画像データを受信し、本件修正申告書1を提出し、平成30年8月3日付で、Hに預けた書類及び本件申告書の控えの返却を受けたのであるから、いずれかの時点において、本件申告書が適正なものであるかを確認できたにもかかわらず、確認しなかった。さらに、請求人は、収入金額がさほど増加していないにもかかわらず、平成28年分よりも○○○○円以上増加した所得税等の還付金を受領するなど、本件申告書に不自然な点があったにもかかわらず、Hに確認しなかった。

　このように、請求人は、Hが隠蔽又は仮装行為により本件申告書を提出することを了知し、又は容易に了知することができたにもかかわらず、その提出を黙認し、提出後においても本件申告書の内容の是正を怠った。

4　本件申告書の提出により利益を享受したのは、所得税等の還付金を多額に受領した請求人である。他方、Hには、請求人の要望もないままに本件虚偽支払調書の作成を含めた一連の行為により本件申告書を提出する合理的な理由は存在せず、自己の利益実現のみを目的としていたとは認められないし、仮にそうであったとしても、請求人がHの監督等を怠った事実に変わりはない。

　また、Hは、請求人に対して本件申告書の控えの画像データを送信していることからも、本件申告書の内容を請求人に秘匿する意図はうかがえず、請求人を欺き、請求人に内緒で確定申告書の作成及び提出を行ったとはいえない。

裁　決

1　法令解釈

(1) 通則法第68条第1項に規定する重加算税の制度は、納税者が過少申告をするについて隠蔽、仮装という不正手段を用いていた場合に、過少申告加算税よりも重い行政上の制裁を科すことによって、悪質な納税義務違反の発生を防止し、もって申告納税制度による適正な徴税の実現を確保しようとするものである。

したがって、重加算税を課するためには、納税者のした過少申告行為そのものが隠蔽、仮装に当たるというだけでは足りず、過少申告行為そのものとは別に、隠蔽、仮装と評価すべき行為が存在し、これに合わせた過少申告がされたことを要するものである（最高裁平成7年4月28日第二小法廷判決・民集49巻4号1193頁参照）。

(2) また、通則法第68条第1項は、「納税者が…隠蔽し、又は仮装し」と規定し、隠蔽、仮装行為の主体を納税者としているものの、納税者が第三者にその納税申告を委任し、その受任者が隠蔽、仮装行為を行った場合であっても、上記の重加算税制度の趣旨及び目的からすれば、それが納税者本人の行為と同視することができるときには、重加算税を賦課することができるというべきである。

すなわち、申告納税制度の下においては、納税者は、納税申告を第三者に委任したからといって、自身の適法に申告する義務を免れるものではなく、適切に受任者を選任し、適法に申告するように受任者を監督して、自己の申告に遺漏がないようにすべきものである。そして、納税者が、これらを怠って、当該受任者が隠蔽、仮装行為を行うこと若しくは行ったことを認識し、又は認識することができ、その是正の措置を講ずることができたにもかかわらず、納税者においてこれを防止せずに隠蔽、仮装行為が行われ、それに基づいて過少申告がされた場合は、特段の事情がない限り、当該受任者の行為を納税者本人の行為と同視することができ、重加算税を賦課するこ

とができると解するのが相当である。

2　判　断

(1)　本件虚偽支払調書の作成について

　Hは、過大な源泉徴収税額を記載した本件虚偽支払調書を作成した上で、これに基づいて本件申告書を作成し、本件申告書に本件虚偽支払調書を添付して原処分庁に提出しており、この本件虚偽支払調書の作成行為は、過少申告行為そのものとは別の隠蔽又は仮装行為に該当する。

(2)　必要経費の過大計上について（争点の(1)）

　まず、本件申告書及び本件決算書に記載の必要経費の金額が過大であったことは優に認められる。

　そして、本件試算表は、現時点では存在しないものの、Hは、複数のホステスにつき、同源泉徴収税額及び必要経費を過大計上して、不正に還付金の額を増加させた確定申告書を作成しており、請求人についても、その還付金を不正に増加させるべく、同様の手順で、本件試算表を作成の上、本件申告書及び本件決算書を作成して原処分庁に提出したと認められるから、本件試算表は、本件申告書及び本件決算書と同様に、架空の過大な必要経費の額が記載され、事実がわい曲されたものであったと認められる。

　しかしながら、重加算税を課するためには、過少申告行為そのものとは別に、隠蔽又は仮装と評価すべき行為が存在する必要があるところ、Hは、本件試算表を使用して本件決算書及び本件申告書を作成した後には、本件試算表を保存しておくことなく、不要なものとしてそのデータを削除しており、また、請求人を含む他者に見せることもなかったものである。なお、Hは、当初は税理士にホステスに係る試算表を渡す予定であったことは認められるものの、一人目の試算表等を作成した時点で当該税理士から早々に断られており、それより前に、請

求人に係る本件試算表が作成されていたことを認めるに足りる証拠は
ないのであって、本件試算表は、税理士等他者への提示や保存が予定
されていたものとは認められない。そうすると、本件試算表は、H自身
が本件申告書を作成するためだけに一時的に利用した補助資料の域を
出るものではないというほかなく、本件試算表の作成が、本件申告書
の作成及び提出とは別の行為に該当すると認めることは困難である。

　以上からすると、本件試算表における必要経費の過大計上は、過少
申告行為そのものである本件申告書の作成及び提出行為とは別の行為
とはいえず、よって、Hが、請求人の平成29年分の事業所得に係る
必要経費の計上につき、過少申告行為そのものとは別に、事実の隠蔽
又は仮装と評価すべき行為を行ったとはいえない。

(3)　**本件申告書の提出に係るHの行為は、請求人の行為と同視で
　　きるか否かについて（争点の(2)）**

　この点、まず、請求人は、税理士資格を有しないHに対し、本件
申告書の作成及び提出を委任したものである。そして、請求人は、H
が税理士と信じたと主張し、その根拠として、Hから税理士業務がで
きるような名刺を見せられたと指摘するところ、Hの名刺やHが渡し
た本件領収書にすら、Hが税理士であることや税理士業務を行ってい
ることを示す記載は全くなく、その他、本件全証拠によっても、本件
申告書の提出前の時期に、Hが税理士であると信じるに足りる事情が
あったことはうかがわれない。

　そして、請求人は、Hの指示に沿って明らかに事業とは関連性のな
い領収書類も含めてHに渡したほか、その面前で、Hが本件領収書の
作成年月日を書き換えて事実を仮装したことを確認し、Hから、この
ように事実を仮装することで本件領収書に記載の金額を平成29年分
の必要経費とすることができる旨の説明を受けたにもかかわらず、こ
れを黙認したものである。

　これらのことからすると、請求人は、仮にHが税理士であると信じたとしても、通常の注意を払えば、Hが税理士の資格を有しないことを容易に認識することができたというべきであり、本件申告書作成の受任者を誠実に選定せず、かつ、Hが、請求人の確定申告につき、事実の隠蔽又は仮装行為を行うことを認識し、又は認識することができたものと認められる。

　加えて、請求人は、平成29年分の法定申告期限を大幅に徒過した平成30年5月まで、申告状況を確認せず、また、Hが法定申告期限までに確定申告書を提出しなかったことが判明してからも、申告書の作成及び提出をHに委任したままにした上、事前に申告書の内容を確認しなかった。

　以上からすると、請求人は、適法な申告がされるようにHを適切に監督せず、かつ、是正の措置を講ずることができたにもかかわらず、請求人においてこれを防止せずに隠蔽、仮装行為が行われ、それに基づいて過少申告がされたものと認められる。

　そして、本件全証拠によっても、本件申告書の作成及び提出に係るHの行為を、請求人の行為と同視することが相当でないとする特段の事情は認められない。

　したがって、本件申告書の作成及び提出に係るHの行為は、請求人の行為と同視することができる。

(4)　原処分の適法性について

　本件申告書の作成及び提出に係るHの行為は、平成29年分の源泉徴収税額の過大計上については、通則法第68条第1項に規定する重加算税の賦課要件を満たしているものの、平成29年分の事業所得に係る必要経費の過大計上については、同項に規定する重加算税の賦課要件を満たしていない。そして、上記源泉徴収税額の過大計上に係るHの行為は請求人の行為と同視することができる。

したがって、平成29年分の所得税等に係る重加算税の賦課決定処分は、その一部を取り消すべきである。

1 本件は、請求人が、第三者（非税理士）に依頼して所得税等の期限後申告を行ったところ、請求人から所得税等の確定申告書作成の依頼を受けた第三者が事実を仮装して確定申告書を提出し、当該第三者の行為は請求人の行為と同視できるとして、請求人に対して重加算税の賦課決定処分がされた事案である。

2 争点は、以下の2点である。

⑴ Hは、請求人の平成29年分の事業所得に係る必要経費の過大計上につき、事実の隠蔽又は仮装行為を行ったか否か。
⑵ 本件申告書の提出に係るHの行為は、請求人の行為と同視できるか否か。

裁決では、争点⑴についての判断基準として、「重加算税を課するためには、納税者のした過少申告行為そのものが隠蔽、仮装に当たるというだけでは足りず、過少申告行為そのものとは別に、隠蔽、仮装と評価すべき行為が存在し、これに合わせた過少申告がされたことを要するものである」との最高裁平成7年4月28日第二小法廷判決・民集49巻4号を採用した。

争点⑵についての判断基準としては、第三者の隠蔽又は仮装行為があった場合には、第三者の行為を納税者の行為と同視できる場合に納税者の隠蔽又は仮装と認定できることを前提として、納税者は当該第三者の監督する義務があるにもかかわらず、「納税者が、これらを怠って、当該受任者が隠蔽、仮装行為を行うこと若しくは行ったことを認識し、又は認識することができ、その是正の措置を講ずることができたにもかかわらず、納税者においてこれを防止せずに

隠蔽、仮装行為が行われ、それに基づいて過少申告がされた場合は、特段の事情がない限り、当該受任者の行為を納税者本人の行為と同視することができ、重加算税を賦課することができると解するのが相当である」とした。

　この判断基準は、納税者が税務申告を税理士に委任した場合において税理士が隠蔽又は仮装した事案に対する判決で、「納税者が税理士に納税申告の手続を委任した場合についていえば、納税者において当該税理士が隠ぺい仮装行為を行うこと若しくは行ったことを認識し、又は容易に認識することができ、法定申告期限までにその是正や過少申告防止の措置を講ずることができたにもかかわらず、納税者においてこれを防止せずに隠ぺい仮装行為が行われ、それに基づいて過少申告がされたときには、当該隠ぺい仮装行為を納税者本人の行為と同視することができ、重加算税を賦課することができると解するのが相当である。」とした最高裁平成18年4月20日判決（判例時報1939号12頁、TAINS Z256 - 10374）を意識したものと推測する。

3　その上で、過大な源泉徴収税額を記載した本件虚偽支払調書を作成した行為は過少申告行為そのものとは別の隠蔽又は仮装行為に該当し、かつ、源泉徴収税額の過大計上に係るHの行為は請求人の行為と同視することができるとして重加算税の賦課決定を適法とし、他方、本件試算表における必要経費の過大計上は、過少申告行為そのものである本件申告書の作成及び提出行為とは別の行為とはいえず、よって、Hが、請求人の平成29年分の事業所得に係る必要経費の計上につき、過少申告行為そのものとは別に、事実の隠蔽又は仮装と評価すべき行為を行ったとはいえないとして、重加算税の賦課決定を一部取り消した。

　この違いについては、本件虚偽支払調書については、これに基づいて本件申告書を作成し、本件申告書に本件虚偽支払調書を添付し

て原処分庁に提出していることから、この本件虚偽支払調書の作成行為を過少申告とは別の隠蔽又は仮装行為と認定したのに対し、本件試算表については、同じく本件試算表に基づいて本件申告書を作成したことを認定しつつも、本件試算表が本件申告書を作成するためだけに一時的に利用した補助資料の域を出るものではないというほかなく（他人に見せることを予定していない）、本件試算表の作成が、本件申告書の作成及び提出とは別の行為に該当すると認めることは困難であるとした。

　申告書は別の試算表やメモ、計算表などに虚偽の内容が記載されている場合、当該書類を作成したことをもって過少申告とは別の隠蔽又は仮装であるとして重加算税賦課決定がされることがある。この場合には当該書類が、他人に見せることを予定せず、申告書を作成するためだけに一時的に作成した補助資料なのか、あるいは、他人に見せて事実をわい曲するなど他の目的を持った過少申告とは別の隠蔽又は仮装のための資料なのか、検討することが肝要である。

4　次に、申告書の作成を依頼した第三者の行為が請求人の行為と同視できるかどうかについては、第三者から仮装を知らされたにもかかわらず黙認したこと、申告期限を徒過しても申告内容を確認しないなど任せっきりにしたことなどを理由として、適法な申告がされるようにHを適切に監督せず、かつ、是正の措置を講ずることができたにもかかわらず、請求人においてこれを防止せずに隠蔽、仮装行為が行われ、それに基づいて過少申告がされたものと認められるとして、Hの行為をもって請求人の行為と同視できるとした。

　請求人としては

① 申告書の作成を依頼した第三者（税理士を含む）を適切に監督していたこと（内容の説明・報告を求める）

② 是正措置を講じ、または講じようとしていたことなどを主張・立証することが求められる。

事例 11 相続税申告における生命保険金の脱漏

令和3年3月1日裁決

相続税の申告において、請求人が被相続人の死亡により受領した生命保険金2口のうち1口を課税価格に含めずに申告したことは隠蔽又は仮装に当たるとして重加算税の賦課決定処分がされた事案

事案の概要

1　F（以下「本件被相続人」という。）は、生前、G社との間で、自らを契約者及び被保険者とし、本件被相続人の長男である請求人及び同二男であるHを受取人（各2分の1）とする2口の生命保険契約を締結していた（以下、この保険契約に係る保険金を「本件申告済保険金」「本件死亡保険金」といい、本件申告済保険金及び本件死亡保険金を併せて「本件各保険金」という。）。

2　本件相続に係る共同相続人は、請求人及びHの2名である。

3　請求人は、大学教授として勤務する者である。

4　請求人及びHは、平成30年1月22日、G社に対し、本件申告済保険金について、請求人が署名した「死亡保険金請求書」及び両名が署名した「代表受取人による保険金等の請求に関する同意書」を提出して、その請求手続を行ったところ、本件申告済保険金（15,436,988円）は、同月29日、請求人名義のJ銀行の普通預金口座に振り込まれた。

　なお、本件預金口座は、請求人が固定資産税や公共料金等の支払に利用していた生活用の預金口座である。

請求人は、平成30年1月30日、Hに対し、本件申告済保険金が本件預金口座に振り込まれた旨を電子メールにより連絡し、これに対し、Hは、同月31日、了解した旨を電子メールにより返信した。

5　Hは、G社のコールセンターに電話で確認をして請求人及びHを
保険金受取人とする本件死亡保険金に係る生命保険契約の存在を把
握し、当該コールセンターの担当者に本件被相続人が亡くなった旨
及び請求人宛に保険金の請求書を送ってほしい旨を伝えた。請求人
は、Hと電話を代わり、当該コールセンターの担当者から、本件死
亡保険金の請求に係る具体的な手続について案内を受けた。

6　請求人及びHは、平成30年3月30日、G社に対して、請求人が「死
亡保険（給付）金請求書」に、Hが「代表受取人による死亡保険（給付）
金請求に関する同意書」に、それぞれ署名した上で、本件死亡保険
金に係る請求手続を行ったところ、本件死亡保険金（10,019,500
円）は、同年4月4日、本件預金口座に振り込まれた。
本件死亡保険金の振込みについて、請求人からHに対し、振込みが
された旨の連絡はされていない。

7　請求人及びHは、本件相続に係る遺産分割協議を成立させ、平
成30年10月6日付で遺産分割協議書（以下「本件遺産分割協議書」
という。）を作成した。本件遺産分割協議書には、生命保険金等と
して15,436,988円（本件申告済保険金に相当する金額）のみが記
載されていた。

8　請求人は、平成30年10月10日、Hと共同で、相続税の申告書（以
下「本件申告書」という。）を原処分庁へ提出したが、「生命保険金
などの明細書」欄には、本件申告済保険金に係る受取年月日及び受
取金額等の内容のみが記載されていた。

争　点

請求人に、通則法第68条第1項に規定する「隠蔽し、又は仮
装し」に該当する事実があったか否か。

原処分庁の主張

1 請求人は、

① G社の担当者から本件申告済保険金のほかに本件死亡保険金があるとの説明を受け、

② 自身で本件死亡保険金の支払請求手続を行い、

③ その支払通知書のデータをスキャンしてパソコンに保存している。

④ 請求人の妻が、本件相続税の申告に係る相続財産の一覧表を作成するに当たり、ほかの入金とは桁違いに多額の入金である本件死亡保険金の振込みの記載のある通帳を確認し、当該記載部分に手書きで丸囲みを書き加えて本件死亡保険金の入金事実を認識しているところ、夫である請求人もその事実を認識していたはずであることも踏まえると、請求人が本件申告済保険金のほかに本件死亡保険金も本件相続税の課税財産として申告する必要があることを認識していたといえる。

⑤ G社の担当者から本件申告済保険金とは別の生命保険があると聞いて、その日のうちに保険金請求手続についての問合せをしている。

2 請求人は、死亡保険金が2口あると認識していたにもかかわらず、本件死亡保険金をあえて申告していないから、過少申告の意図が認められるところ、さらに、本件申告書提出後の調査において、本件死亡保険金の支払通知書等を提示されるまで本件調査担当職員に本件死亡保険金の存在を伝えず、また、自身がその支払請求手続を行ったことを繰り返し否定していたことからしても、当初から財産を過少に申告する意図を有していたといえる。

3 請求人は、

① 本件申告書の作成を依頼した税理士法人に対して本件申告書の作成に必要な書類を交付した際に、本件死亡保険金に係る資料を

交付せず、

②　遅くともG社の担当者から本件死亡保険金の存在を知らされた平成30年1月22日にはその存在を把握しており、同日から本件申告書の提出日までの間、幾度となく税理士に対し説明する機会があったにもかかわらず説明をせず、

③　本件被相続人の財産の取りまとめをしていたHとの間で平成30年6月1日及び同年9月22日に本件相続税の申告手続に係る打合せを行った際にも、Hに本件死亡保険金の存在を伝えず、関係資料の提示もしなかった。かかる一連の行為は、本件各保険金のうち本件死亡保険金のみを本件相続税の申告財産から除外するという請求人の過少申告の意図を外部からもうかがい得る特段の行動に当たる。

裁　決

1　法令解釈

通則法第68条第1項に規定する重加算税の制度は、納税者が過少申告をするについて隠蔽、仮装という不正手段を用いていた場合に、過少申告加算税よりも重い行政上の制裁を科することによって、悪質な納税義務違反の発生を防止し、もって申告納税制度による適正な徴税の実現を確保しようとするものである。

したがって、重加算税を課すためには、納税者のした過少申告行為そのものとは別に、隠蔽、仮装と評価すべき行為が存在し、これに合わせた過少申告がされたことを要するものであるが、上記の重加算税制度の趣旨に鑑みれば、架空名義の利用や資料の隠匿等の積極的な行為が存在したことまで必要であると解するのは相当でなく、納税者が、当初から財産を過少に申告することを意図し、その意図を外部からもうかがい得る特段の行動をした上、その意図に基づく過少申告をしたような場合には、上記重加算税の賦課要件が満たされると解するのが

相当である（最高裁平成7年4月28日第二小法廷判決・民集49巻4号1193頁参照）。

2 判 断

(1) 請求人は、本件申告済保険金の支払請求手続の際に本件保険担当者から受けた指摘を契機として、本件申告済保険金に係る生命保険契約とは別に、本件死亡保険金に係る生命保険契約の存在を知ったのであるから、その時点で、本件死亡保険金の存在を認識したといえ、また、本件事務員から生命保険金も相続税の申告対象となる説明を受け、本件申告済保険金については本件相続税の申告対象に含めていることからすれば、上記のとおり存在を把握した本件死亡保険金が、相続財産として申告が必要なものであることを認識したものと認められる。

(2) もっとも、請求人は、多忙な中で本件死亡保険金の存在について記憶から抜け落ちていた旨主張するところ、①請求人及びHは、本件被相続人の死亡後、本件保険担当者からの指摘を受けるまでは、本件死亡保険金に係る生命保険契約が締結されていた事実すら知らず、当初はG社の生命保険契約に係る申告すべき保険金は本件申告済保険金のみであると誤認していたことに加えて、②本件各保険金の支払請求手続をした時期は、請求人が学年末試験や入試業務への対応、海外出張及び複数の国内学会への参加をしていた時期と重なっており、G社から送付された本件死亡保険金の請求書類を請求人が約2か月間そのまま放置していることからしても、本件各保険金の請求手続は、請求人が仕事で多忙な中でその合間に行われたものといえること、また、③その後、G社から促されて請求人が本件死亡保険金の支払請求書を送付したことにより、G社から本件死亡保険金が本件預金口座に振り込まれているが、本件申告済保険金の振込みの場合と異なり、その旨をHに連絡しておらず、本件通帳の

残高の確認を請求人自身がしていない可能性がある上、その通知が、本件申告済保険金については封書でされたのに対し、本件死亡保険金については圧着はがきによりされており、本件申告済保険金と異なってやや簡易な方法で通知がされていることも考慮すると、本件死亡保険金の存在について、請求人が主張するような誤認や失念が生じた可能性がないとはいえない。さらに、④請求人は本件通知書のデータをパソコンに保存しているものの、この作業は仕事上又は個人的な情報について日常的に行っていたものであり、本件通知書のみ特別に行ったものではないことからすると、本件通知書のデータを保存した事実をもって、直ちに請求人が本件通知書の内容を十分に確認した上で本件申告済保険金とは別に申告が必要な保険金があるとの正しい認識を持ち続けていたはずだと断定することもできない。そうすると、請求人が、上記のように本件死亡保険金について、その存在及び申告が必要な相続財産であることを一旦認識したものの、本件申告までの間に、本件死亡保険金の存在とこれについても申告が必要であることを誤認又は失念した可能性を直ちに否定することはできないというべきである。

(3) さらに、本件事務員や本件税理士とのやり取りの経過を見ても、請求人と本件事務員との間において、本件申告済保険金以外の生命保険金の有無が殊更に問題とされていたような事情は認められず、また、本件通帳及び本件通知書は、その後も破棄されることなく請求人によって保管され、本件調査における実地調査の初日に、これらの資料が特段の支障なく本件調査担当職員に提示された事実に照らしても、請求人が当初から本件死亡保険金をあえて申告しないことを意図し、その意図を外部からもうかがい得る特段の行動をしたともいえない。

(4) 以上のとおり、本件死亡保険金の申告漏れに関し、請求人が当初から本件相続税の課税財産を過少に申告することを意図し、その意

図を外部からもうかがい得る特段の行動をしたということはできず、また、当審判所の調査によっても、その他、請求人に隠蔽又は仮装と評価すべき行為があったとは認められない。

立証ポイント

1 法令解釈

　本件は、国税通則法第68条第1項に規定する重加算税の賦課要件を満たすか否かが争点となった事案である。同項の要件を満たすためには、「国税の課税標準等又は税額等の計算の基礎となるべき事実の全部又は一部を隠蔽し、又は仮装」していることが必要となる。

　そして、積極的な隠蔽又は仮装行為がなかったことから、法令解釈としては、「重加算税制度の趣旨にかんがみれば、架空名義の利用や資料の隠匿等の積極的な行為が存在したことまで必要であると解するのは相当でなく、納税者が、当初から所得を過少に申告することを意図し、その意図を外部からもうかがい得る特段の行動をした上、その意図に基づく過少申告をしたような場合には、重加算税の右賦課要件が満たされるものと解すべきである。」（最高裁平成7年4月28日判決、民集49巻4号1193頁、TAINS Z209-7518）が採用されている。

2 事実認定

(1)　本件は、相続税の申告において、請求人が被相続人の死亡により受領した生命保険金2口のうち1口を課税価格に含めずに申告したことが、重加算税の賦課要件である隠蔽又は仮装に該当するかどうかが争われた事案である。

　裁決では、本件死亡保険金が相続財産であり、申告が必要なものであることを認識した旨認定しているが、申告から漏らしたことについて、誤認又は失念した可能性を直ちに否定することはできないとして処分を取り消した。

(2) 請求人が本件死亡保険金が相続財産であり、申告が必要なもので
あることを認識しながら、故意に申告から漏らしたと認定されるの
を障害する事実（請求人に有利な事実）としては、

㋐ 故意の脱漏の意図と矛盾する行動、

㋑ 脱漏の意図がない（申告意図がある）からこそとった（とらな
かった）行動、

㋒ 脱漏の意思の一貫性と矛盾する行動、

㋓ 故意の脱漏があるならば、当然行っているであろう行動の不存在、

㋔ 故意に脱漏した以外（誤認ないし失念）の可能性がある事情、

などが考えられる。

　　裁決が隠蔽又は仮装の故意を否定した主な理由としては、①請求
人は本件保険担当者からの指摘を受けるまでは、本件死亡保険金に
係る生命保険契約が締結されていた事実を知らなかったこと（上記
㋔に該当し、誤認ないし失念の可能性を生じさせる）、②本件死亡
保険金の請求手続きを行ったのは多忙な時期だったこと（上記㋔に
該当し、誤認ないし失念の可能性を生じさせる）、③本件申告済み
保険金については、振り込まれた事実をすぐにHに連絡している
が、本件死亡保険金については、振り込まれた事実をHに連絡して
いないこと（本件死亡保険金について誤認ないし失念していたから
こそ連絡していないのであり、上記㋑に該当する）、④本件事務員
や本件税理士とのやり取りの経過を見ても、請求人と本件事務員と
の間において、本件申告済保険金以外の生命保険金の有無が殊更に
問題とされていたような事情は認められないこと（上記㋔に該当し、
誤認ないし失念の可能性を生じさせる）、⑤本件通帳及び本件通知
書は、その後も破棄されることなく請求人によって保管され、本件
調査における実地調査の初日に、これらの資料が特段の支障なく本
件調査担当職員に提示されたこと（上記㋒㋓に該当する）、などで
ある。

相続税申告における共済金の脱漏

令和3年2月5日裁決

> 相続税申告において、請求人が相続財産である共済金を課税価格に含めずに申告したことは隠蔽又は仮装に当たるとして重加算税の賦課決定処分がされた事案

事案の概要

1　本件相続に係る相続人は、請求人妻、請求人二男及び本件被相続人の三男の3名である。

2　本件被相続人が、その生前に、K農業協同組合（以下「本件農協」という。）との間で、被共済者を本件被相続人、死亡共済金の受取人を請求人妻とする生命共済に係る契約を締結していたところ、請求人二男は、本件被相続人の死後に、請求人妻の了承の下、当該契約に係る死亡共済金の支払請求手続を行い、平成29年4月3日、当該死亡共済金（以下「本件共済金」という。）40,368,587円が、請求人妻名義の普通貯金口座（以下「請求人妻名義口座」という。）に振り込まれた。

3　請求人らは、平成29年3月16日、本件相続に係る相続税（以下「本件相続税」という。）の申告書及び遺産分割協議書の作成等をL税理士（以下「本件税理士」という。）に依頼した。請求人二男は、本件税理士との面談の中で、生命保険金等が相続税の申告すべき財産である旨の説明を受けるなどした。

4　請求人らは、本件相続税について、申告書（以下、当該申告書を「本件当初申告書」という。）を法定申告期限までに提出したが、本件当初申告書の第9表「生命保険金などの明細書」には、M社から支払われた死亡保険金（以下「係争外死亡保険金」という。）8,051,150

円は記載されていたが、本件共済金は記載されていなかった。

5　請求人二男は、平成29年12月22日に、請求人妻の了承の下、請求人妻名義口座から43,993,200円を請求人二男名義の普通貯金口座に振り替えた後、当該口座から本件相続税の合計金額○○○○円（請求人二男分○○○○円及び本件被相続人の三男分○○○○円）を納付した。

6　請求人らは、原処分庁所属の職員（以下「本件調査担当職員」という。）による調査（以下「本件調査」という。）を受け、本件共済金の申告漏れなどがあったとする指摘に従い、令和元年11月11日、本件相続税の修正申告書を提出した。

7　原処分庁は、令和元年12月20日付で、本件共済金の申告漏れにつき請求人二男の行為が通則法第68条第1項に規定する重加算税の賦課要件を満たすとして、請求人二男に対し、重加算税の賦課決定処分等をした。

争　点

(1)　請求人二男の行為が通則法第68条第1項に規定する重加算税の賦課要件を満たすか否か。具体的には、請求人二男が本件共済金について本件相続税の申告すべき財産であることを認識しながら、本件税理士に対して殊更に本件共済金の存在を秘匿したと認められるか。（争点1）。

(2)　相続税法第19条の2第1項に規定する配偶者に対する相続税額の軽減について、同条第5項の規定が適用されるか否か（争点2）。

本書では、(1)のみを扱うこととする。

原処分庁の主張

1　請求人二男が本件税理士との面談の中で、生命保険金等が相続税の申告すべき財産である旨の説明を受けたこと、係争外死亡保険金については申告したことに照らせば、請求人二男は、本件共済金が本件相続税の申告すべき財産であることを十分認識していたと認められる。

　また、本件共済金は、申告した係争外死亡保険金に比べて極めて高額であり、本件相続により取得した不動産以外の財産の過半を占めるものであることなどからすると、請求人二男が本件共済金について安易に誤解することは考え難い。

2　それにもかかわらず、請求人二男は、本件税理士から本件相続税に係る資料の提出を求められた際に、係争外死亡保険金に係る資料のみを提出して、「生命保険金は1つしかない。」と説明した上、本件当初申告書の作成に当たっても、本件税理士から申告する財産について説明を受け、本件共済金が記載されていないことを認識しながら敢えて指摘せず、本件当初申告書に押印して原処分庁に提出した。

　請求人二男は、本件共済金を除外する意図をもって本件税理士に対して殊更にその存在を秘匿したものといえる。

　また、請求人二男は、本件調査担当職員に対し、本件調査の当初においては、本件共済金の存在を伝えなかった理由は覚えていない旨などを申述していたが、その後、単なる失念にすぎないかのように申述等を変遷させた。

　以上に加え、請求人二男としては、本件相続税の負担を極力少なくしたいと考えるのが自然であって、本件共済金を除外することにより多額の本件相続税を免れることになることなども考慮すれば、請求人二男は、本件共済金につき、それが申告すべき財産であることを十分認識しながら、過少に申告することを意図し、その意図を

外部からもうかがい得る特段の行動をした上で、その意図に基づく
過少申告をしたと認められる。

裁　決

1　法令解釈

通則法第68条第1項に規定する重加算税の制度は、納税者が過少申
告をするについて隠蔽、仮装という不正手段を用いていた場合に、過
少申告加算税よりも重い行政上の制裁を科することによって、悪質な
納税義務違反の発生を防止し、もって申告納税制度による適正な徴税
の実現を確保しようとするものである。

したがって、重加算税を課するためには、納税者のした過少申告行
為そのものが隠蔽、仮装に当たるというだけでは足りず、過少申告行
為そのものとは別に、隠蔽、仮装と評価すべき行為が存在し、これに
合わせた過少申告がされたことを要するものである。しかし、上記重
加算税制度の趣旨に鑑みれば、架空名義の利用や資料の隠匿等の積極
的な行為が存在したことまで必要であると解するのは相当でなく、納
税者が、当初から過少に申告することを意図し、その意図を外部から
もうかがい得る特段の行動をした上、その意図に基づく過少申告をし
たような場合には、重加算税の賦課要件が満たされるものと解される。

2　判　断

(1)　まず、請求人二男が本件当初申告書の提出時において、本件共済
金について本件相続税の申告すべき財産であることを認識していた
と認められるか否かを検討すると、請求人二男は、本件税理士から
生命保険金等が相続税の申告すべき財産である旨説明を受けていた
上、係争外死亡保険金については申告しており、本件共済金につい
てのみ本件相続税の申告すべき財産ではないと誤解する理由もうか
がわれないことからすれば、本件共済金も本件相続税の申告すべき

財産であることを認識していたと推認するのが合理的である。また、請求人二男は、審査請求においても、当初は、当該認識があることを前提にして主張していたのであって、本件相続税の申告すべき財産ではないと誤解していた旨の主張及び答述は、合理的な理由もなく変遷したものにすぎず、その他に当審判所に提出された証拠資料等を精査しても、請求人二男が当該誤解をしていたことをうかがわせる事情は存在しない。

　したがって、本件当初申告書の提出時において、請求人二男が本件共済金について本件相続税の申告すべき財産であることを認識していたことは認められる。

(2)　次に、請求人二男が本件税理士に対して殊更に本件共済金の存在を秘匿したと認められるか否かについて検討する。

　確かに、請求人二男は、本件税理士から説明を受けるなどして、本件共済金について本件相続税の申告すべき財産であることを認識していたが、本件税理士に対して提出した本件相続税に係る資料の中に本件共済金に係る資料が含まれておらず、本件共済金が記載されていない本件当初申告書を提出したことが認められる。

　しかしながら、原処分庁の提出した証拠資料等をみても、本件相続税に係る資料の提出時や本件当初申告書の作成時に、本件税理士が請求人二男に対して具体的にどのような確認等をしたのかが明らかでないし、むしろ当審判所の調査によれば、本件税理士は追加提出を依頼すべき資料等があるかを検討しておらず、請求人二男に対する具体的な確認等もしていなかった上、本件当初申告書の作成に当たっても、その内容を具体的に説明しなかったことが認められる。そのため、請求人二男が本件税理士に対して提出した本件相続税に係る資料の中に本件共済金に係る資料が含まれておらず、本件当初申告書に本件共済金が記載されていなかったとしても、請求人二男がそのことを具体的に認識していたとまでは認められないし、その

他に当審判所に提出された証拠資料等を精査しても、請求人二男が本件税理士に対して殊更に本件共済金の存在を秘匿したと裏付けるに足りる事情は存在しない。

したがって、請求人二男が本件税理士に対して殊更に本件共済金の存在を秘匿したとまでは認められない。

これに対し、原処分庁は、請求人二男が本件税理士に対し「生命保険金は1つしかない。」と説明した上、本件当初申告書の作成に当たっても、本件税理士から申告する財産について説明を受けた旨などを主張するところ、請求人二男が明示的に「生命保険関係はM社の1つしかない。」と発言したのか、それとも、本件相続税に係る資料の提出状況からすれば生命保険金は係争外死亡保険金しかないとのことだったというにすぎないのかが明らかでないし、その他に当審判所に提出された証拠資料等を精査しても、請求人二男が本件相続税の申告すべき財産として「生命保険金は1つしかない。」と説明したことを裏付けるに足りる事情は存在しない。また、本件税理士から請求人二男に対して具体的な確認等がされていないことは、上記のとおりであるし、その他に原処分庁の主張する点をもって、当審判所の上記認定が左右されることもない。

請求人二男が本件調査担当職員から本件共済金の申告漏れを指摘された後、遅滞なくそれに応じて修正申告書を提出していたことが認められる。

(3) 以上によれば、請求人二男が当初から過少に申告することを意図し、その意図を外部からもうかがい得る特段の行動をした上、その意図に基づく過少申告をしたような場合に該当するとまでは認められないから、請求人二男の行為は通則法第68条第1項に規定する重加算税の賦課要件を満たすとはいえず、これに反する原処分庁の主張は理由がない。

立証ポイント

1　本件は、相続税申告において、請求人が相続財産である共済金を課税価格に含めずに申告したことは隠蔽又は仮装に当たるとして重加算税の賦課決定処分がされた事案である。

2　裁決は、請求人二男が税理士から生命保険金が相続財産であると説明を受けていたことなどから、本件当初申告書の提出時において、請求人二男が本件共済金について本件相続税の申告すべき財産であることを認識していたことを認定した。しかし、当初申告書の作成時に税理士と請求人二男の間でどのようなやりとりがなされていたか、つまり、生命保険金について確認されたかどうか明らかでないこと、申告書の内容について具体的な説明がなされていないこと、その他の証拠資料で請求人二男が税理士に対して本件共済金を秘匿したことを認定するに足りる証拠がないこと、などから、請求人二男に隠蔽又は仮装行為を認めなかった。

3　法令解釈としては、請求人二男が「当初から過少に申告することを意図し、その意図を外部からもうかがい得る特段の行動をした上、その意図に基づく過少申告をした」と認められるかどうかという規範を定立した。これは、最高裁平成7年4月28日第二小法廷判決・民集49巻4号）の規範である。

4　その上で、裁決は、請求人二男が本件税理士に対して殊更に本件共済金の存在を秘匿したと認められるか否かについて検討しているので、請求人二男が本件税理士に対して殊更に本件共済金の存在を秘匿していた場合には、過少申告の意図を外部からもうかがい得る特段の行動があったと捉えていたものと推測される。

5　請求人二男が本件共済金について本件相続税申告において申告すべき財産であることを認識していたことを認定しつつ、税理士に対して殊更に本件共済金の存在を秘匿していた事実を認定しないためには、請求人二男が失念していた、あるいは申告書の相続財産に本

件共済金が含まれていると誤解していた、などの事情が必要となる。本件では、請求人二男は申告書の内容を具体的に確認していないことから、本件共済金について本件相続税の申告すべき財産であることを認識していたものの、本件申告書の相続財産に本件共済金が含まれていないことを具体的に認識していたとはいえないとした。立証責任が原処分庁にあることから、税理士に対して殊更に本件共済金の存在を秘匿していた事実を認定しなかったものである。仮に、本件税理士が請求人二男に対して本件申告書の内容を説明することにより、請求人二男が本件申告書の相続財産に本件共済金が含まれていないことを具体的に認識したと認定された場合には、異なる結論となった可能性がある。

　請求人二男が本件調査担当職員から本件共済金の申告漏れを指摘された後、遅滞なくそれに応じて修正申告書を提出していたことは隠蔽又は仮装の意思の一貫性と矛盾する行動であり、隠蔽又は仮装の故意を否定する方向に働く。

6　本件では、請求人二男は、審査請求において、当初は、当該認識があることを前提にして主張していたにもかかわらず、その後本件相続税の申告すべき財産ではないと誤解していた旨主張を変更しているが、供述の変遷は、供述自体の信用性を低下させる。審査請求をする際には、請求人の主張を論理一貫して確定しておくべきであり、当該認識のような重要な部分について、途中で主張を変更するのは望ましくない。実際、裁決でも、その点指摘されて請求人に不利に事実認定されている。この点は、訴訟実務でも同様である。

非居住者に対する法定納期限後の源泉所得税の支払いと「更正予知」

審査請求人が非居住者に支払った土地の購入代金に係る源泉所得税等を法定納期限後に納付したことについて、原処分庁が、不納付加算税の賦課決定処分を行った事案

事案の概要

1　請求人は、平成30年12月28日、G（以下「本件譲渡人」という。）との間で、宅地（以下「本件土地」という。）を代金○○○○円で購入する旨の売買契約（以下「本件売買契約」という。）を締結し、同日、本件譲渡人に対し、手付金として10,000,000円を支払った。

2　本件譲渡人は、平成30年12月31日、中華人民共和国香港特別行政区（以下「香港」という。）へ転出した。

3　請求人は、平成31年1月21日、本件譲渡人に対し、代金の残額○○○○円及び公租公課の分担金清算額○○○○円の合計○○○○円（以下、これらを併せて「本件代金等」という。）を支払い、同日付で、本件売買契約を原因とする本件土地の所有権移転登記が行われた。

4　請求人は、本件代金等の支払の際、源泉徴収に係る所得税及び復興特別所得税（以下、源泉徴収に係る所得税及び復興特別所得税を併せて「源泉所得税等」といい、本件代金等に係る源泉所得税等を「本件源泉所得税等」という。）を本件譲渡人から徴収せず、法定納期限までにこれを納付しなかった。

5　本件調査担当職員は、令和元年6月頃、税務署内における調査（以下「本件署内調査」という。）の結果、1請求人が本件譲渡人から本件土地を取得し、平成31年1月21日付でその所有権移転登記が

行われたこと、2本件譲渡人が平成30年12月31日に香港へ転出し、非居住者に該当するに至ったこと、3請求人の源泉所得税調査簿によると、非居住者に支払った土地購入代金に係る源泉所得税等の納付がないことを把握した。

6 本件調査担当職員は、令和元年7月2日、本件担当者に対し、本件電話連絡をし、実地調査の日程調整を依頼する中で、本件発言(「非居住者からの土地の取得があると思われるので確認させていただきたい。」との発言)をしたが、本件源泉所得税等に関する具体的な指摘、質問等はなかった。

7 請求人は、令和元年7月5日、上記ロの手付金及び本件代金等の合計額を基礎として計算した源泉所得税等の額○○○○円を納付した(以下、当該納付を「本件納付」という。)。

8 請求人は、令和元年7月8日、税理士法人及びK税理士を税務代理人とする税務代理権限証書を原処分庁に提出した。

9 原処分庁は、令和元年8月5日付で、本件源泉所得税等の額を○○○○円と計算し、その不納付加算税の額を○○○○円とする賦課決定処分をした(以下、当該賦課決定処分を「当初賦課決定処分」という。)。

10 原処分庁は、令和元年12月5日付で、当初賦課決定処分を取り消した上、同月6日付で、それと同額の不納付加算税の賦課決定処分をした(以下、当該賦課決定処分を「本件賦課決定処分」という。)。

争 点

(1) 請求人が法定納期限を徒過して本件源泉所得税等を納付したことについて、通則法第67条第1項ただし書に規定する「正当な理由」があるか否か(争点1)。

(2) 本件納付が通則法第67条第2項に規定する「当該国税についての調査があったことにより当該国税について当該告知があ

るべきことを予知してされたものでないとき」に該当するか否
か（争点2）。

原処分庁の主張

1　請求人が法定納期限を徒過して本件源泉所得税等を納付した
ことについて、通則法第67条第1項ただし書に規定する「正当
な理由」があるか否か（争点1）

　本件発言を含む本件調査担当職員による一連の行為は、源泉所得税
等の課税標準等又は税額等を認定するに至る一連の判断過程であり、
通則法第67条第2項に規定する「調査」に該当するものであるから、
本件発言は、実地調査の理由を説明するものではない。また、本件発
言の内容は、国家公務員法第100条《秘密を守る義務》等に規定する
秘密を漏らすことには該当しないものであるし、本件発言の相手方で
ある本件担当者は、請求人に全く関係のない第三者ではないから、こ
の点からも、守秘義務に違反したとは認められない。

　したがって、請求人が法定納期限を徒過して本件源泉所得税等を納
付したことについて、通則法第67条第1項ただし書に規定する「正当
な理由」があるとは認められない。

2　本件納付が通則法第67条第2項に規定する「当該国税について
の調査があったことにより当該国税について当該告知があるべきこ
とを予知してされたものでないとき」に該当するか否か（争点2）

(1)　通則法第67条第2項に規定する「調査」とは、一連の判断過程の
　一切を意味し、いわゆる机上調査のような租税官庁内部における調
　査も含むと解されるところ、本件発言を含む本件調査担当職員によ
　る一連の行為は、源泉所得税等の課税標準等又は税額等を認定する
　に至る一連の判断過程であり、同項に規定する「調査」に該当する。

　　なお、本件調査担当職員は、本件土地の登記等を調査した上で、
　本件電話連絡により実地調査を行う旨を伝え、本件発言をしたもの

であり、このような経緯からすれば、本件発言は、調査と行政指導の区分を明示した上で行ったものといえる。

(2) 本件発言は、請求人の源泉所得税等の課税標準等又は税額等を認定する目的で行う質問検査権の行使によりなされたものであり、請求人は、本件発言の時点で、調査があったことを了知し、その後の調査が進行すれば告知に至るであろうことを予知して本件納付を行ったものといえるから、本件納付は、通則法第67条第2項に規定する「告知があるべきことを予知してされたものでないとき」には該当しない。

裁　決

1　争点1（請求人が法定納期限を徒過して本件源泉所得税等を納付したことについて、通則法第67条第1項ただし書に規定する「正当な理由」があるか否か。）について

(1)　法令解釈

通則法第67条第1項に規定する不納付加算税は、源泉所得税等の不納付による納税義務違反の事実があれば、原則としてその違反者に対して課されるものであり、これによって、当初から適正に徴収及び納付した者との間の客観的不公平の実質的な是正を図るとともに、源泉所得税等の不納付による納税義務違反の発生を防止し、適正な徴収及び納付の実現を図り、もって納税の実を挙げようとする行政上の措置である。そうすると、同項ただし書に規定する「正当な理由」が認められる場合とは、告知又は納付に係る国税を法定納期限までに納付しなかったことについて、真に源泉徴収義務者の責めに帰することのできない客観的な事情があり、上記不納付加算税の趣旨に照らしても、なお、源泉徴収義務者に不納付加算税を賦課することが不当又は酷になる場合をいうと解するのが相当である。

(2) 判　断

　本件では、本件土地の所有権移転登記に先立ち、本件譲渡人が香港
へ住所移転をした旨の登記がされたのであり、請求人が本件土地の所
有権移転登記を確認した際に、当該住所移転があったことも容易に認
識できたはずであるし、そのほかに、当審判所の調査によっても、真
に源泉徴収義務者である請求人の責めに帰することのできない客観的
な事情があると認めるに足りる的確な証拠は存在しない。

　したがって、請求人が法定納期限を徒過して本件源泉所得税等を納
付したことについて、通則法第67条第1項ただし書に規定する「正当
な理由」があるとは認められない。

> ## 2　争点2（本件納付が通則法第67条第2項に規定する「当該国
> 税についての調査があったことにより当該国税について当該告
> 知があるべきことを予知してされたものでないとき」に該当す
> るか否か。）について

(1)　法令解釈

　源泉徴収による国税が法定納期限までに完納されなかった場合に
は、通則法第67条第1項の規定により、その法定納期限後に納付され
た税額に100分の10の割合を乗じて計算した金額に相当する不納付加
算税を徴収するのが原則であるが、同条第2項は、法定納期限後であっ
ても源泉徴収義務者の自発的な納付を奨励する趣旨から、「当該国税
についての調査があったことにより当該国税について当該告知がある
べきことを予知」することなく自主的にこれを納付した者に対しては、
通常よりも一段低い水準の不納付加算税を徴収することにしたもので
ある。

　このような通則法第67条第2項の文言及び趣旨からすると、法定納
期限後の納付が、同項に規定する「当該国税についての調査があった
ことにより当該国税について当該告知があるべきことを予知してされ

たものでないとき」に該当するか否かの判断に当たっては、①調査の内容・進捗状況、②それに関する納税者の認識、③納付に至る経緯、④納付と調査の内容との関連性等の事情を総合考慮して判断するのが相当である。

(2) 判　断

(イ)　本件調査担当職員は、本件署内調査の結果、請求人による本件土地の取得日、本件譲渡人の香港への転出日及び請求人の源泉所得税等の納付状況を把握したことが認められる。それらによれば、本件調査担当職員は、請求人が国内にある本件土地の譲渡による対価を非居住者である本件譲渡人に支払い、本件源泉所得税等を納付すべきであったにもかかわらず、その納付をしていない可能性が高いと判断して、令和元年7月2日に本件電話連絡をしたものと考えられる。そのため、同日の時点で、そのまま本件調査担当職員による調査が進展すれば、本件代金等の支払明細等が確認されるなどして、やがて本件源泉所得税等に係る納税の告知に至る可能性が高い状況にあったといえる。

(ロ)　本件調査担当職員は、令和元年7月2日の本件電話連絡において、実地調査の日程調整の依頼をする中で、本件発言をしたにすぎず、それ以外に、本件源泉所得税等に関する具体的な指摘、質問等をしたことはなく、それを受けた本件担当者も、本件取締役に該当する取引の有無を確認した際に、確認すべき期間を具体的に指定するなどしなかったことが認められる。その上、本件調査担当職員は、本件納付後の同月8日、本件担当者に対し、本件源泉所得税等とは関係のない税務代理権限証書の提出を求め、その結果、本件源泉所得税等とは関係のない税務代理権限証書が提出されたにもかかわらず、本件調査担当職員が、その後も本件担当者等に対して、本件源泉所得税等に係る税務代理権限証書を提出するよう依頼したなどの

事情もうかがわれない。このことから、本件納付以前に、本件調査
担当職員が本件源泉所得税等を調査対象とするような発言をしてい
たとも考え難い。これらの事情によれば、本件担当者や請求人は、
本件納付までの間において、本件調査担当職員が実地調査のために
日程の調整を要求していることまでは認識していたとは認められる
が、本件源泉所得税等が調査の対象として、その内容・進捗状況が
上記(イ)の状況であったことを具体的に認識していなかったと認めら
れる。

(ハ)　請求人は、本件署内調査の内容・進捗状況を具体的に認識してお
らず、本件源泉所得税等が調査対象になっていることも認識できる
状況になかったと認められる。そのような状況において、本件取締
役による自主的な確認が行われ、その結果、本件代金等の支払時点
で本件譲渡人が非居住者になっていたことが判明し、請求人は、本
件担当者にその旨報告したところ、本件源泉所得税等の納付が必要
である旨の説明を受けた上、本件代表者からも速やかに納付するよ
う指示を受け、本件電話連絡のあった日から3日後の令和元年7月
5日に本件納付をしたことが認められる。このような経緯に照らせ
ば、本件納付は、請求人自身の自主的な確認によって行われたもの
と評価すべきであって、本件署内調査との関連性は乏しいといわざ
るを得ない。

(ニ)　以上の事情を総合考慮すると、本件署内調査により、そのまま本
件調査担当職員による調査が進展すれば、やがて本件源泉所得税等
に係る納税の告知に至る可能性が高い状況にあったとは認められる
ものの、請求人は、それを具体的に認識しておらず、本件納付も、
請求人自身の自主的な確認によって行われたものであって、本件署
内調査との関連性も乏しいといわざるを得ないから、本件納付は、
通則法第67条第2項に規定する「当該国税についての調査があった
ことにより当該国税について当該告知があるべきことを予知してさ

事例

13

れたものでないとき」に該当するというべきである。

立証ポイント

1　法令解釈

(1)　裁決は、国税通則法第67条第1項ただし書に規定する「正当な理由」が認められる場合について、告知又は納付に係る国税を法定納期限までに納付しなかったことについて、真に源泉徴収義務者の責めに帰することのできない客観的な事情があり、上記不納付加算税の趣旨に照らしても、なお、源泉徴収義務者に不納付加算税を賦課することが不当又は酷になる場合をいうと解するのが相当とした。この基準は、国税通則法第65条第1項ただし書きに規定する「正当な理由」についての最高裁平成18年4月20日判決（判例時報1939号12頁、TAINS Z256－10374）に則ったものである。この最高裁判決は、納税者が税理士に税務申告を委任したところ、税理士が隠ぺい又は仮装により過少申告をした事案である。この事案においては、最高裁は、「(1)　過少申告加算税は、過少申告による納税義務違反の事実があれば、原則としてその違反者に対し課されるものであり、これによって、当初から適法に申告し納税した納税者との間の客観的不公平の実質的な是正を図るとともに、過少申告による納税義務違反の発生を防止し、適正な申告納税の実現を図り、もって納税の実を挙げようとする行政上の措置であり、主観的責任の追及という意味での制裁的な要素は重加算税に比して少ないものである。

国税通則法65条4項は、修正申告書の提出又は更正に基づき納付すべき税額に対して課される過少申告加算税につき、その納付すべき税額の計算の基礎となった事実のうちにその修正申告又は更正前の税額の計算の基礎とされていなかったことについて正当な理由があると認められるものがある場合には、その事実に対応する部分についてはこれを課さないこととしているが、過少申告加算税の上記

の趣旨に照らせば、同項にいう「正当な理由があると認められる」場合とは、真に納税者の責めに帰することのできない客観的な事情があり、上記のような過少申告加算税の趣旨に照らしても、なお、納税者に過少申告加算税を賦課することが不当又は酷になる場合をいうものと解するのが相当である。」と判示している。

(2) 次に、通則法第67条第2項に規定する「当該国税についての調査があったことにより当該国税について当該告知があるべきことを予知してされたものでないとき」に該当するか否かの判断に当たっては、1調査の内容・進捗状況、2それに関する納税者の認識、3納付に至る経緯、4納付と調査の内容との関連性等の事情を総合考慮して判断するのが相当とした。

　この点について、主な学説に端緒把握説と不適正事項発見説がある。過去の裁判例において、端緒把握説を採用し、「税務職員がその申告に係る国税についての調査に着手してその申告が不適正であることを発見するに足るかあるいはその端緒となる資料を発見し、これによりその後調査が進行し先の申告が不適正で申告漏れの損することが発覚し更正に至るであろうことが客観的に相当程度の確実性をもって認められる段階に達した後に、納税者がやがて更正に至るべきことを認識したうえで修正申告を決意し修正申告書を提出したものでないこと、言い換えれば右事実を認識する以前に自ら進んで修正申告を確定的に決意して修正申告書を提出することを必要とし、かつ、それをもって足りる。」（東京地裁昭和56年7月16日判決）としたものがある。これに対し、不適正事項発見説を採用し、「税務当局が、当該納税申告に疑惑を抱き、調査の必要を認めて、納税義務者に対する質問、帳簿調査等の実地調査に着手し、これによって収集した具体的資料に基き、先の納税申告が適正なものでないことを把握するに至ったことを要するものと解すべきである。……先の申告が不適正であり、かつ、申告もれが存することが明らかにな

れば、いずれ当局によって更正がなされることは当然であるから、納税義務者において、当局の調査進行により先の納税申告の不適正が発覚することを認識しながら、修正申告書を提出することは、他に特段の事情のない限り、右いう『調査があったことにより……更正があるべきことを予知してなされたもの』と推認することができる」（和歌山地裁昭和50年6月23日判決）としたものがある。

本件裁決は、これらの基準によらず、独自に基準を示した。

2 事実認定

(1) 本件は、審査請求人が非居住者に支払った土地の購入代金に係る源泉所得税等を法定納期限後に納付したことについて、原処分庁が、不納付加算税の賦課決定処分を行ったのに対し、請求人が、当該法定納期限後の納付については正当な理由がある上、仮にこれが認められないとしても、当該納付は調査があったことにより告知があるべきことを予知してされたものではないとして、原処分の全部又は一部の取消しを求めた事案である。

(2) 裁決では、本件土地の所有権移転登記に先立ち、本件譲渡人が香港へ住所移転をした旨の登記がされたのであり、請求人が本件土地の所有権移転登記を確認した際に、当該住所移転があったことも容易に認識できたはずであるとして、正当な理由を認めなかった。

　登記で国外への住所移転を確認できた以上、告知又は納付に係る国税を法定納期限までに納付しなかったことについて、真に源泉徴収義務者の責めに帰することのできない客観的な事情があるとはいえないし、不納付加算税の趣旨に照らしても、なお、源泉徴収義務者に不納付加算税を賦課することが不当又は酷になる場合であるとはいえない、と判断したものである。

(3) 他方、原処分庁の署内調査では、そのまま本件調査担当職員による調査が進展すれば、本件代金等の支払明細等が確認されるなどし

て、やがて本件源泉所得税等に係る納税の告知に至る可能性が高い
状況にあったといえるとした。しかし、

(ア)　本件調査担当者と納税者の本件担当者との間で具体的に源泉所
　　得税に係る調査を予定しているやり取りがされていないこと、

(イ)　(ア)の状況において、請求人の取締役が自主的に調査し、源泉所
　　得税の不納付を発見した経緯が認定できること、

などから、請求人は、本件源泉所得税等に係る納税の告知に至る可
能性が高い状況にあったことを具体的に認識しておらず、本件納付
も、請求人自身の自主的な確認によって行われたものであるとして、
本件納付は、通則法第67条第2項に規定する「当該国税についての
調査があったことにより当該国税について当該告知があるべきこと
を予知してされたものでないとき」に該当するというべきであると
して原処分を一部取り消した。

(4)　署内調査では、源泉所得税等に係る納税の告知に至る可能性が高
　い状況にあった場合でも、「予知」の主体は納税者であるから、客観
　的状況において、納税者が具体的に調査の段階を認識していない場
　合には、予知したことにはならないことになる。納税者の認識と経緯
　について、時の経過を追って詳細に主張立証することが重要である。

(5)　請求人が、本件署内調査により、そのまま本件調査担当職員によ
　る調査が進展すれば、やがて本件源泉所得税等に係る納税の告知に
　至る可能性が高い状況であることを具体的に認識していたと認定さ
　れるのを障害する事実（請求人に有利な事実）としては、㈠認識の
　端緒となるべき事実の不存在（上記(3)の(ア)の事情）、㈡認識せずに
　納付したことを合理的に説明する事実経過（上記(3)の(イ)の事情）、
　㈢認識していないからこそとった行動（本件では認定されていな
　い）、㈣認識していたらとったはずの行動の不存在（本件では認定
　されていない）、などが考えられる。納税者としては、これらの事
　実を探し、主張立証していくことになる。

事例 14

元代表取締役の退職の事実の有無

令和2年12月15日裁決

> 請求人会社が元代表取締役に対して支給した退職金の金額を損金の額に算入して法人税等の申告を行ったところ、元代表取締役は、登記上退任した後も請求人の経営に従事しており、実質的に退職したとは認められないから、当該金額は退職給与として損金の額に算入されないとして、法人税等の各更正処分及び過少申告加算税の各賦課決定処分された事案

事案の概要

1　請求人は、昭和36年10月○日に設立された不動産の賃貸等を営む株式会社であり、同族会社である。なお、請求人の株式は、平成25年3月期において、全てH及びJが保有していた。

2　L（以下「本件元代表者」という。）は、請求人の代表取締役を務めていた者であるが、平成24年11月30日、請求人の代表取締役及び取締役をいずれも辞任し（以下「本件辞任」という。）、同年12月、その旨の登記がされた。

3　請求人は、平成24年11月30日、本件元代表者に対して退職慰労金を支給する旨の臨時株主総会の決議に基づき、請求人の役員退職金規程により算出した725,000,000円（以下「本件金員」という。）を役員退職慰労金勘定に計上し、同年12月18日から平成25年9月9日までの間に、本件元代表者に対し、本件金員から源泉所得税額を差し引いた全額を支払った。

4　本件元代表者は、平成24年12月1日以降少なくとも平成29年3月31日までの期間において、請求人の登記上役員としての地位を有しておらず、使用人でもなかった。また、請求人が、上記期間

において、本件元代表者に対して役員給与及び従業員給与を支給した事実もなかった。

5　本件元代表者の妻であるFは、平成24年6月30日、請求人の代表取締役に就任し、本件元代表者とFの娘であるMは、平成28年4月5日、請求人の代表取締役に就任し、以後、両名が請求人の代表取締役を務めている。

6　また、本件元代表者は、平成24年6月20日に、Fは、平成27年9月1日に、いずれもd県e市f町○－○（以下「本件住所地」という。）からシンガポール共和国へ住所を移転した。また、Mは、原処分がされた令和元年5月30日当時、住民票及び請求人の登記において、本件住所地を住所としていた。

7　原処分庁所属の調査担当職員は、平成30年9月11日、請求人に対する税務調査を開始し（以下、同日に開始された請求人に対する一連の調査を「本件調査」という。）、N税務署長は、令和元年5月30日、元代表取締役は、登記上退任した後も請求人の経営に従事しており、実質的に退職したとは認められないから、当該金額は退職給与として損金の額に算入されないとして、法人税等の各更正処分及び過少申告加算税の各賦課決定処分をした。

争　点

(1)　本件差置送達は適法か、また、その送達の効力はいつ生じたか（争点1）。

(2)　本件通知書の理由付記に不備があるか否か（争点2）。

(3)　平成25年3月期の法人税の更正処分に、通則法第70条第2項が適用されるか否か（争点3）。

(4)　本件金員は、退職給与として、平成25年3月期の損金の額に算入されるか否か（争点4）。

本書では、争点(4)のみを扱うこととする。

原処分庁の主張

　次のイからニの各事実に鑑みると、本件元代表者は、本件辞任後においても、従来どおり請求人の経営に従事しており、請求人のみなし役員に該当するのであって、請求人を現実に離脱し、あるいは実質的に退職したとは認められない。

　そうすると、本件金員は、法人税法第34条第1項に規定する退職給与に該当しないから、本件金員の額を平成25年3月期の損金の額に算入することはできない。

イ　本件経営会議への出席及び指示命令

　請求人は、本件法人グループの一員として、本件経営会議の参加者であったところ、本件元代表者は、本件辞任後も継続して、毎月開催される本件経営会議につき、その開催日時を自ら決定や調整の指示をした上、直接又はスカイプを使用して出席し、本件法人グループの各代表取締役らに対し、売上げや利益、営業活動等経営に係る報告を求め、当該報告に対し、今後の指示をしていた。

　このように、本件元代表者が、本件法人グループの基幹となる会議である本件経営会議において、その各代表取締役らより上位の立場で振る舞い、それに上記各代表取締役らが従っていたことからすると、本件元代表者は、まさに、請求人の経営に従事していたといえる。

　なお、請求人を含む本件法人グループは、P社が各法人の管理業務を行い、P社以外の各法人が事業活動を行うことにより、一体運営されており、本件法人グループの各法人の役員は、本件元代表者の親族が務めていたことからしても、請求人は、本件経営会議の参加者であったというべきである。

ロ 本件経営会議以外での指示命令

本件元代表者は、本件辞任後も継続して、本件経営会議以外においても、本件法人グループの各代表取締役や社員に対し、スカイプ、メール、○○○○という名称のソーシャルネットワーキングサービス（以下、単に「○○○○」という。）及び電話などにより、随時、各種業務に関する指示命令及び決裁を行っており、その中でも、Ｖに対しては、本件法人グループに属する各法人間の資金移動に係る指示なども していた。

ハ 金融機関等との交渉

本件元代表者は、本件辞任後も継続して、新規融資の申入れ、融資の利率変更及び返済等に係る相談など資金調達や、収益物件の取得及び太陽光発電事業への参入等の新規事業に関して、各金融機関との間で、直接的又は間接的に交渉し、自ら最終的な判断をしていた。

ニ 新規事業の決定等

本件元代表者は、本件辞任後においても、従業員に対して太陽光発電事業に係る指示をしたり、税理士に当該事業に係る資金相談をしたりしており、太陽光発電設備の販売業者が、本件元代表者の上記の関与状況から、同者を本件法人グループの人間と認識していたことからすると、本件元代表者は、本件法人グループの新規事業に係る決定等をしていたといえる。

■ 裁 決

法人税法第2条第15号が取締役等の法的な地位を有していない者でも「法人の経営に従事している者」を法人の役員に含めた趣旨が、取締役等と同様に法人の事業運営上の重要事項に参画することによって法人が行う利益の処分等に対し影響力を有する者も同法上は役員とす

るところにあることからすると、上記の「法人の経営に従事している」とは、法人の事業運営上の重要事項に参画していることをいうと解される。そこで、本件元代表者が、本件辞任後も継続して、請求人の経営に従事、すなわち、請求人の事業運営上の重要事項に参画しており、実質的に退職していないと認められるかにつき、以下検討する。

(イ) 本件経営会議への出席及び指示命令について

　原処分庁は、本件元代表者が、本件辞任後も継続して、毎月開催される本件経営会議に出席し、本件法人グループの各代表取締役らに対し、経営に係る報告を求め、当該報告に対し、今後の指示をしていた旨主張し、本件調査において調査担当職員が作成した申述者をVとする各質問応答記録書（以下、これらの記録書に記載のVの申述を「本件申述」という。）には、これに沿う内容の申述がある。

　ところで、Vは、平成22年頃、本件法人グループの総務・経理事務等を担当していたP社に入社し、平成24年10月頃から平成29年1月31日までの間、P社の登記上、代表取締役の地位にあり、P社以外の本件法人グループのうちの数社についても、その登記上、代表取締役の地位にあった時期がある者である（原処分関係資料及び当審判所の調査の結果）。そして、Vは、本件申述当時、その地位等に関し、VがP社に対して提起した地位確認等請求訴訟や本件元代表者及びU社に対して提起した損害賠償請求訴訟並びに請求人やP社等から提起された損害賠償等請求訴訟がそれぞれ係属中であったものであり（原処分関係資料及び当審判所の調査の結果）、請求人及び本件法人グループや本件元代表者に関する本件申述の信用性については、慎重に検討する必要があるところ、本件元代表者が、本件辞任後に、本件経営会議において、請求人の経営方針・予算・人事等の事業運営上の重要事項につき、具体的な指示や経営に関する決定をしたこと及びその内容や方法を示す客観的証拠はなく、本件申述においても、いつどのよう

な内容の指示や決定を行ったかという具体的な状況については明らか
とはいえない。したがって、本件申述をもって、本件辞任後の本件経
営会議における、本件元代表者による請求人の事業運営上の重要事項
に係る具体的な指示等の存在を認めることはできず、他にこれを認め
るに足りる的確な証拠はない。

　なお、本件元代表者の長男であるHが、平成25年当時、請求人の
発行済株式総数の8割を超える株式を保有するとともに、本件法人グ
ループの持株会社といえるU社の全株式を保有し、また、本件元代表
者が本件法人グループの従業員等から「オーナー」と呼ばれ、さらに、
本件元代表者が本件法人グループ間の資金移動などの様々な指示とも
とれるような連絡をしていたことなどからすると、本件元代表者が請
求人を含む本件法人グループ全体のいわゆる実質的なオーナーといえ
る立場にあったことがうかがわれ、かかる事実を考慮すれば、仮に、
原処分庁が指摘するように、請求人が本件法人グループの一員として
本件経営会議の参加者とされ、本件元代表者が、本件経営会議におい
て、本件法人グループの各代表取締役らより上位の立場で振舞ってい
たという事実があったとしても、そのことをもって、本件元代表者が、
本件辞任後も継続して、請求人の経営に従事していたとまで直ちに認
めることはできない。

㋺　本件経営会議以外での指示命令について

　原処分庁は、本件元代表者が、本件辞任後も継続して、本件経営会
議以外においても、本件法人グループの各代表取締役や社員に対し、
随時、各種業務に関する指示命令及び決裁を行っており、その中でも、
Vに対しては、本件法人グループに属する各法人間の資金移動に係る
指示などもしていた旨主張し、これに沿う証拠として、本件申述に係
る各質問応答記録書のほか、平成26年9月30日から平成29年2月15
日の期間におけるVと本件元代表者との間の○○○○の画面を撮影

した画像データを出力した資料（以下「本件○○○○」という。）を
提出する。

　確かに、本件○○○○には、本件元代表者からVに対する本件法人
グループ間の資金移動に係るものなど様々な指示ともとれるようなや
りとりがみられ、当該期間に、本件元代表者が、本件法人グループ全
体のいわゆる実質的なオーナーとして振る舞っていたことはうかがわ
れるものの、本件法人グループのいずれの法人の業務に係るやりとり
なのか不明なものが多くみられ、上記の指示等が請求人の事業運営上
の重要事項に係る指示かは不明であるところ、本件辞任の翌日（平成
24年12月1日）から本件○○○○の開始日の前日（平成26年9月29日）
までの期間において、本件元代表者が 請求人の業務に関して具体的
な指示等をしたこと及びその内容や方法を示す客観的な証拠はない。
加えて、本件○○○○は、いずれも本件辞任から1年10か月後の平成
26年9月30日以降の期間に係るものであることや、本件申述の内容
が具体性を欠くものであることを併せ考慮すると、本件○○○○及び
本件申述によって、本件元代表者が、本件辞任後も継続して、請求人
の事業運営上の重要事項に係る具体的な指示命令及び決裁をしていた
と認めることは困難であり、他にこれを認めるに足りる的確な証拠は
ない。

(ハ)　金融機関に対する本件元代表者の対応について

　原処分庁は、本件元代表者が、本件辞任後も継続して、新規融資の
申入れ等に関して、各金融機関との間で交渉し、自ら最終的な判断を
していた旨主張し、これに沿う証拠として、本件申述に係る質問応答
記録書、金融機関の担当者を申述者とする各質問応答記録書や本件○
○○○を提出する。

　しかしながら、請求人提出資料及び当審判所の調査の結果によれば、
請求人は、本件辞任の日から平成28年3月31日までの期間において、

金融機関から新規融資を受けていないと認められ、実際に新規融資に
向けた具体的な交渉が行われたことを認めるに足りる証拠もない。

　また、確かに、Ｖは、本件申述において、本件法人グループの金融
機関との交渉や融資決定等は全て本件元代表者が行っていたと申述
し、また、金融機関の担当者の中には、本件法人グループの融資等に
係る実質的な決定をしていたのは本件元代表者であった旨申述する者
もいるほか、本件○○○○には、請求人と金融機関との取引に関する
本件元代表者とのやりとりもみられるが、いずれも請求人に係る融資
やその交渉等についての具体的な状況を示すものではないか、本件辞
任後間もない時期のものではない。

　かえって、請求人のＸ銀行からの融資につき、本件辞任の約3か月
後である平成25年3月7日に、その連帯保証人が本件元代表者から当
時の代表取締役であるＦに変更されたことが認められるところ、この
事実は、本件辞任に対応した措置が金融機関との間で具体的に執られ
たことを示すものである上、Ｆが請求人の代表者としての自覚と責任
のもとに自ら決定したことを推認させるものといえる。

　そうすると、上記申述や本件○○○○をもって、本件元代表者が、
請求人につき、本件辞任後も継続して、金融機関との間で具体的な交
渉を行い、自ら最終的な判断をしていたと認めることはできず、他に
これを認めるに足りる的確な証拠はない。

　㈡　**新規事業の決定等について**

　原処分庁は、本件元代表者が、本件辞任後においても、従業員や税
理士に対して太陽光発電事業に係る指示や相談をし、太陽光発電設備
の販売業者が本件元代表者を本件法人グループの人間と認識していた
ことから、本件元代表者は、本件法人グループの新規事業に係る決定
等をしていたといえる旨主張する。

　この点、原処分関係資料及び当審判所の調査の結果によれば、請求

人は、平成27年3月頃にY社から太陽光発電設備を購入していると認められるところ、当該購入は、本件辞任から約2年4か月後のことであり、そもそも、本件辞任後間もない時期に、請求人が太陽光発電事業を新規に開始することを決定したとは認められず、その他、本件元代表者が、本件辞任後に、請求人の事業運営上重要な新規事業を決定したことを認めるに足りる的確な証拠はない。したがって、この点に関する原処分庁の主張も採用することはできない。

㈱ 小 括

以上に加え、本件元代表者は、本件辞任の日以降少なくとも平成29年3月31日までの間、請求人から役員給与や従業員給与を受領していないと認められること、他方で、本件辞任後に請求人の代表取締役の地位にあったFが、本件辞任直後から、その代表取締役としての職務を全く行っていなかったことを認めるに足りる証拠もないこと、また、本件元代表者が本件辞任の約5か月前に海外に住所を移転しており、本件辞任に至った経緯が不自然であるともいえないことからすれば、本件元代表者が、本件辞任後も継続して、請求人の事業運営上の重要事項に参画するみなし役員に該当し、請求人を実質的に退職していなかったと認めることはできない。

㈻ 結 論

以上のほか、本件金員が退職給与として損金の額に算入されないと判断すべきその他の事情もないことから、本件金員は、退職給与として、請求人の平成25年3月期の損金の額に算入される。

■ 立証ポイント

1　本件は、請求人会社が元代表取締役に対して支給した退職金の金額を損金の額に算入して法人税等の申告を行ったところ、元代表取

締役は、登記上退任した後も請求人の経営に従事しており、実質的に退職したとは認められないから、当該金額は退職給与として損金の額に算入されないとして、法人税等の各更正処分及び過少申告加算税の各賦課決定処分がされた事案である。

本件の争点は、元代表取締役が登記上退任した後も法人税法第2条第15号の「法人の経営に従事している者」に該当するか否か、という点である。

裁決では、「法人の経営に従事している者」について、法人の事業運営上の重要事項に参画していることをいうと解した上で、争点についての原処分庁の主張、すなわち、元代表取締役が辞任後も

(1) 法人グループの本件経営会議に出席し、各代表取締役に指示命令していたこと、

(2) 本件経営会議以外においても、本件法人グループの各代表取締役や社員に対し、スカイプなどにより指示命令していたこと、

(3) 金融機関等との交渉を行っていたこと、

(4) 新規の太陽光発電事業を決定するなどしていたこと、

について、1つずつ認定できるかどうかを検討し、全てにおいて立証責任が果たされていないものと結論づけた。

2 (1)について、裁決では、元代表取締役の経営会議への出席及び指示については、元代表取締役の経営会議への出席及び指示があるとしたUの申述について、元代表取締役らと訴訟で係争中であったことから、その信用性を慎重に検討する必要を認め、いつどのような内容の指示や決定を行ったのかという具体的な状況について明らかでないこと、他に客観的な証拠がないこと、などから、これを認めることができないとした。証人の申述の信用性を判断するには、その申述者が請求人とどのような関係にあるかによって、申述の信用性に影響を与える。請求人の使用人のように、請求人の支配下にある者の申述は請求人に有利にされるのが経験則であるし、本件のよ

うに請求人や関係者と係争状態にある場合には、請求人に不利な申述をする可能性があるのが経験則である。請求人と利害関係のない第三者で請求人に有利に申述をしてくれる者がいる場合には、当該第三者の申述書などを提出することが有効である。

3　次に、(2)について、経営会議以外での指示命令については、元代表取締役が資金移動を指示したかのような証拠はあるものの、それは辞任から1年10月後以降のものであること、請求人の業務に関して具体的な指示等をしたこと及びその内容や方法を示す客観的な証拠はないこと、などから、これを認めることはできない、とした。元代表取締役が退任した後も請求人の経営に従事しているのであれば、辞任した後も継続して経営に従事していることから、辞任から近接する時期にも指示命令をしていたはずであるのに、その点に関する証拠がなかったことが否定する方向に傾いたと推測される。

4　次に、(3)について、金融機関に対する本件元代表者の対応については、金融機関の担当者の中には、本件法人グループの融資等に係る実質的な決定をしていたのは元代表取締役であった旨申述する者もいる等の証拠があったものの、辞任の翌日である平成24年12月1日から平成28年3月31日までの期間において、金融機関から新規融資を受けていないこと、実際に新規融資に向けた具体的な交渉が行われたことを認めるに足りる証拠もないこと、辞任の約3か月後である平成25年3月7日に、その連帯保証人が本件元代表者から当時の代表取締役であるFに変更されたことなどから、これを認めることはできないとした。辞任した後の近接する時期に新規融資に向けた交渉などがあり、それを元代表取締役が行っていた、ということであれば元代表取締役が辞任後も継続して法人の事業運営上の重要事項に参画している方に傾くが、これがないことにより、継続性を認定することができない方向に傾いたものと推測される。

5　最後に、(4)の新規事業の決定等については、請求人が、平成27

年3月頃にＹ社から太陽光発電設備を購入していると認められるところ、当該購入は、本件辞任から約2年4か月後のことであり、そもそも、本件辞任後間もない時期に、請求人が太陽光発電事業を新規に開始することを決定したとは認められないことなどから、これが認められないとした。この点についても、元代表取締役が法人の事業運営上の重要事項に参画したことがあったとしても、辞任から約2年4ヶ月後であることは、継続的な法人の事業運営上の重要事項への参画を認定する理由にはならないと判断したものと推測される。

6　取締役の退職の事実が争いとなる場合には、主に以下の点を検討することになる。

(1)　事業運営上の重要な意思決定に関与しているか。

(2)　営業面で重要な役割を果たしているか。

(3)　金融機関との交渉に重要な役割を果たしているか。

(4)　資金調達に重要な役割を果たしているか。

(5)　経営会議に参加して意見を表明しているか。

(6)　支出や経費、財務、設備投資に関し、意見を表明する等重要な役割を果たしているか。

(7)　稟議書等を決裁しているか。

(8)　人事に関与しているか。

(9)　株主や取締役会構成員として以上に役員報酬や従業員給与等の決定に関与しているか。

(10)　取締役会構成員として以上に予算作成に関与しているか。

(11)　給与を得ている場合は、大幅に減額されているか。

上記の各項目について、辞任後、どの程度の期間関与していなかったのかについて、証拠を探して提出することに努めることになる。その期間は、長い程退職の事実が認定されやすくなる。

事例 15 支払手数料に対する役務提供の事実の有無

令和2年9月4日裁決

> 　請求人が、不動産の取得に係る役務提供の対価として支払手数料を計上したところ、原処分庁は、役務提供がないにもかかわらず、当該支払手数料を計上したことは事実の隠ぺい又は仮装の行為があったとして、重加算税の賦課決定処分をした事案

■ 事案の概要

1　請求人は、不動産の売買、仲介業務及び管理業務等を目的とする法人であり、平成25年7月1日から平成26年11月7日までの間の代表取締役は、Gであった。

2　Gは、請求人の代表取締役を辞任した後は、請求人との間で役員としての委任関係や従業員としての雇用関係はないものの、会長として請求人の経営に引き続き携わっている。

3　H社は、不動産の売買、仲介、賃貸及び管理業務等を目的とする法人であり、業務執行社員としてJ社が、職務執行者としてKがそれぞれ登記されている。

4　Gは、平成24年から同25年頃までの間に、e市f町に所在する土地及び建物（以下「本件建物」といい、当該土地と併せて「本件不動産」という。）の所有者が、本件不動産を売却する意向を有する旨の情報を得た。

5　Gは、これを購入した後売却するためには、本件建物の入居者を立ち退かせる必要があり、当座の資金が必要であったため、資金提供者を探していた。

6　Gは、当初、Kに資金調達を依頼し、その見返りとして150,000,000円を支払うことを約した。

7　Kは、本件不動産の取得を含む複数の不動産取引をGと共同事業として手掛けようと画策するようになり、この共同事業に係る目論見を書面化したものとして「資金の流れ」と題する書面（以下「本件書面」という。）を作成した。本件書面には、請求人からJ社に矢印が引かれ、その上に「共同事業契約締結済み」との記載が、その下に「g案件　60,000千円（H28.4.下旬）」「f町　150,000千円（H28.4.下旬）」「h町　200,000千円（H28.4.下旬）」との記載がそれぞれあり、J社の下に「分配金が請求人からJ社に入金されるのと同時にH社へ資金移動」との記載がある。Gは、本件不動産の取得に必要な資金を調達するため、Kに資金調達を依頼した。

8　その後、Kから実際に資金提供はされず、Gは、L社に資金提供を求め、平成27年4月27日付で、請求人とL社は、本件不動産の取得及び販売業務を共同で行うことについて合意し、その内容を記した共同事業協定書（以下「本件協定書」という。）を作成した（以下、本件協定書に定められた共同事業を「本件共同事業」という。）。

9　L社は、平成27年9月16日までに本件不動産を取得し、同年10月30日に本件不動産をM社に売却した。

10　請求人がL社との間で取り交わした平成28年3月3日付の共同事業協定精算確認書には、本件共同事業に係る請求人の報酬額が536,754,553円に決定された旨が記載されている。

11　Gは、平成27年6月1日から平成28年5月31日までの事業年度（以下「本件事業年度」という。）の決算に際して、請求人の税務代理をしているN税理士に電話で連絡し、H社に対して支払う経費があるとして150,000,000円（以下「本件金員」という。）を計上するよう依頼した。

12　請求人の本件事業年度に係る総勘定元帳の支払手数料勘定には、平成28年5月31日付で、相手科目を未払金とし、摘要欄には「H社　f町利益配分」と記載され、150,000,000円が計上されている。

13　請求人は、本件金員を本件事業年度の損金の額に算入した上で、本件事業年度の法人税の確定申告書及び平成27年6月1日から平成28年5月31日までの課税事業年度（以下「本件課税事業年度」という。）の地方法人税の確定申告書（以下、これらの確定申告書を併せて「本件各確定申告書」という。）を提出した。

14　原処分庁所属の調査担当職員（以下「本件調査担当職員」という。）は、平成30年10月12日、請求人の実地の調査を開始した。

15　請求人は、本件調査担当職員の調査による指摘に従い、本件金員を「支払手数料否認」として本件事業年度の所得金額に加算した上で、本件事業年度の法人税及び本件課税事業年度の地方法人税について、各修正申告書（以下「本件各修正申告書」という。）を、令和元年6月17日に原処分庁に提出した。

16　原処分庁は、本件各修正申告書の提出を受けて、令和元年7月5日付で、本件事業年度の法人税及び本件課税事業年度の地方法人税について、重加算税の各賦課決定処分（以下「本件各賦課決定処分」という。）をした。

争　点

　Gが請求人の本件事業年度に係る総勘定元帳の支払手数料勘定にH社に対する未払金を計上させた行為が「隠蔽又は仮装」に該当するか。

原処分庁の主張

1　請求人の元代表取締役であるGは、代表取締役辞任後も請求人の営業活動の中心となり、不動産売買等の取引を行うとともに、経理に関する指示も行うなど、実質的に請求人の経営に参画している。

2　Gは、N税理士に本件金員をH社に対する支払手数料として計上するよう指示し、これに基づき、本件金員が損金の額に算入された

本件各確定申告書を提出した。

3　本件金員の支払先とされているH社のKは、本件調査担当職員に対して、H社と請求人との間に取引はなかった旨及びGから本件不動産の取得に係る共同事業への参加を呼びかけられたが条件が折り合わず参加しなかったため共同事業の分配金（本件金員）は受領していない旨申述している。

4　Gは、本件調査担当職員に対して、Kから本件不動産取引に係る資金提供を断られたため、L社と本件共同事業を行い、L社から資金提供を受けて本件不動産を取得し売却が完了した旨申述している。このことからすると、Gは本件不動産取得のための資金調達に係る業務はL社が担当していたことを認識していたものと認められることから、GはH社が本件不動産の取得に係る役務提供を行った事実がないことを認識していたものと認められる。

5　以上のとおり、実質的に請求人の経営に参画しているGは、H社が本件不動産の取得に係る役務提供を行った事実がないことを認識していたにもかかわらず、N税理士に指示して本件金員をH社に対する支払手数料として計上したものと認められる。そうすると、請求人が、帳簿書類への虚偽の記載をしたところに基づき本件各確定申告書を提出していたこととなるから、これらは通則法第68条第1項に規定する「隠ぺいし、又は仮装し」に該当する。

裁　決

1　本件において、通則法第68条第1項に規定する「隠ぺいし、又は仮装し」に該当する事実があったというためには、本件金員の計上に関して故意に事実をわい曲したことが認められる必要がある。

2　確かに、KはGの資金提供の依頼に一旦応じたものの、Kが最終的に資金提供を拒否したこと、その後、L社が本件不動産の取得に係る資金調達をしたことからすれば、KからGに本件金員を支払う

根拠となる資金提供がなされた事実は認められない。そして、Gが、この資金提供を含め、本件不動産の取得に当たって、H社のKから何らの役務提供がないことを認識した上で、N税理士に本件金員を請求人の経費として計上させたのであれば、通則法第68条第1項に規定する「隠ぺいし、又は仮装し」に該当する事実があったといえる。

3　しかしながら、GとKが、本件不動産の取得を含む複数の不動産取引を共同事業として手掛けようとしていた時期があり、その事業の目論見を書面化したものとして本件書面が作成されている。このことからすれば、結果的に、H社から請求人に対し本件不動産の取得のための資金調達に係る役務提供はなかったとしても、請求人が、Gが本件不動産に関してKに共同事業契約の話を持ち掛け、その後、資金提供を拒否されるまでの間に、Kが資金提供以外の何らかの役務提供を行っていたとGが認識し、それに対して対価を支払う必要があると考えていた可能性が全くないとまではいえない。

4　そうすると、Gが、Kに対して本件金員を支払う必要はないと認識していたにもかかわらず本件金員を支払手数料勘定に計上させたことを直ちに認定することはできない。

5　したがって、GがN税理士に指示し、本件金員を総勘定元帳の支払手数料勘定に計上させた行為が、故意に事実をわい曲したものと評価することは困難である。また、当審判所の調査によっても、他に本件金員の計上に関して故意に事実をわい曲したと認めるに足る証拠はなく、その他、仮装と評価すべき行為を認めるに足りる証拠もないことからすれば、本件において、請求人に、通則法第68条第1項に規定する「隠ぺいし、又は仮装し」に該当する事実があったものとして同項を適用することはできない。

立証ポイント

1　裁決は、法令解釈として、「通則法第68条に規定する重加算税は、

不正手段による租税徴収権の侵害行為に対し、制裁を課すことを定めた規定であり、同条にいう「事実を隠ぺいする」とは、課税標準等又は税額等の計算の基礎となる事実について、これを隠ぺいし、あるいは故意に脱漏することをいい、「事実を仮装する」とは、所得、財産あるいは取引上の名義等に関し、あたかも、それが事実であるかのように装う等、故意に事実をわい曲することをいうものと解するのが相当である。」とした。そこで、本件で、「隠蔽又は仮装」があったと認定するためには、(1)H社による役務提供がなかったこと、(2)故意に事実をわい曲したこと、が必要となる。

2　この点、裁決では、KはGの資金提供の依頼に一旦応じたものの、最終的には資金は提供しておらず、KからGに本件金員を支払う根拠となる資金提供がなされた事実は認められないとした。しかし、Kから資金提供を拒否されるまでの間に、Kが資金提供以外の何らかの役務提供を行っていたとGが認識し、それに対して対価を支払う必要があると考えていた可能性が全くないとまではいえないとして、「Gが、Kに対して本件金員を支払う必要はないと認識していたにもかかわらず本件金員を支払手数料勘定に計上させたことを直ちに認定することはできない。」とした。

3　「隠蔽又は仮装」があったことについての立証責任は原処分庁側にある。したがって、原処分庁は、「Gが、Kに対して本件金員を支払う必要はないと認識していたにもかかわらず、故意に、それがあたかもあるように事実をわい曲して本件金員を支払手数料勘定に計上させた」事実を立証する必要がある。本件では、それが証明度に達しなかったということになる。

4　請求人の反証活動としては、「Kが資金提供以外の何らかの役務提供を行っていたとGが認識し、それに対して対価を支払う必要があると考えたこと」に整合する事実に関する主張と証拠を提出することになる。それが、本件書面であり、本件書面は、KがGと共同

事業を手掛けようとして書面化したものであり、資金の流れとして
H社に資金移動することが記載されており、かつ、Gは、当初、K
に資金調達を依頼し、その見返りとして150,000,000円を支払うこ
とを約していた。そのことから、裁決では、GがKの役務提供に対
して150,000,000円を支払う必要があると誤解した可能性があると
認定したものである。

5　請求人としては、課税要件事実の立証責任が原処分庁側にあるこ
とを認識した上で、課税要件事実のうち、どの要件に関するどの事
実の立証がポイントとなるのかを特定し、その証明を妨げる事実を
立証することが肝要である。本件では、ポイントとなる要件は、支
払手数料勘定に計上を仮装した「故意」であり、ポイントとなる事
実は「支払う必要がないと認識していた」かどうか、という点になる。
そこで、請求人としては、「支払う必要があると誤認していたこと」
を裏付ける事実を主張立証することになる。かかる事実としては、

(ア)　支払う必要がないとの認識と矛盾する行動、

(イ)　支払う必要があると認識していたからこそとった行動、

(ウ)　仮装の意思の一貫性と矛盾する行動、

(エ)　過少申告の意思があるならば、当然行っているであろう行動の
　　不存在、

(オ)　支払う意思があるとの認識に整合する事実、

などが考えられる。本件で支払の事実は(イ)であり、本件書面は、こ
のうちの(オ)に該当する証拠ということになる。

原処分庁から委任を受けた税関出張所長が、請求人を名宛人とする外国からの郵便物に添付された税関告知書記載の価格に基づき消費税の課税標準を算出するなどした上で、請求人に消費税等の賦課決定処分を行った事案

事案の概要

1　請求人は、令和元年6月4日、F（以下「本件譲渡人」という。）が電子商取引サイト「G」（以下「本件サイト」という。）に掲載していた中古のミニカー（小型模型自動車。以下同じ。）1個（以下「本件商品」という。）を①商品価格○○○○ポンド及び②配送料8ポンドの合計○○○○ポンドで購入した。

2　本件譲渡人は、令和元年6月5日、グレートブリテン及び北アイルランド連合王国（以下「英国」という。）から請求人を名宛人とする郵便物（郵便物番号○○○○であり、宛先地は肩書地である。以下「本件郵便物」という。）を発送した。

　本件郵便物には、①内容品の明細として「Twi car」、②内容品の価格として「○○○○」などと記載された税関告知書（以下「本件告知書」という。）が添付されていた。また、本件告知書には、記載事項に誤りがないことを本件譲渡人（郵便物の発送者）が証明する旨などが印字されており、また、本件譲渡人名による署名がある。

3　本件郵便物は、令和元年6月8日、J社K郵便局に到着した。

4　J社K郵便局は、令和元年6月9日、原処分庁から委任を受けたL税関M外郵出張所長に対し、本件郵便物を提示した。

5　M外郵出張所長は、令和元年6月9日、本件郵便物の内容品が本

件告知書の記載からは明らかではないと判断し、税関検査のため本件郵便物を開封して、1その内容品の材質、2その内容品がミニカーであること、3個数が1個であること、4原産国がフランス共和国（以下「フランス」という。）であることなどを確認した。

他方、M外郵出張所長は、本件郵便物を開封した際、その内容品を撮影した写真などといった、じ後、本件郵便物の内容品がどのようなものであったか確認できる証拠資料等を残さなかった。

6 　M外郵出張所長は、令和元年6月9日付で、本件告知書の記載から本件郵便物の内容品の価格を〇〇〇〇ポンドと確認した上で、請求人に対し、本件規定、本件通達などに基づき、1本件郵便物の内容品の価格を1ポンド当たり138.59円で円換算し、2消費税の課税標準を〇〇〇〇円、3地方消費税（以下、消費税と併せて「消費税等」という。）の課税標準を〇〇〇〇円、4消費税等の税額を〇〇〇〇円などとする賦課決定処分（以下「本件賦課決定処分」という。）を行うとともに、本件郵便物の宛先地である肩書地を所轄するJ社N郵便局を経て、請求人に対し本件賦課決定処分を通知するため、同日付の「国際郵便物課税通知書」と題する書面（課税通知書番号は〇〇〇〇である。以下「本件通知書」という。）を作成した。

7 　J社N郵便局は、令和元年6月11日、本件通知書及び本件郵便物を肩書地に持参したところ請求人が不在であったため、本件通知書のみを差し置き、本件郵便物を持ち帰った。

8 　請求人は、令和元年6月12日、本件通知書に記載された消費税等に相当する額の金銭をJ社N郵便局に交付しその納付を委託した上で、本件郵便物を受け取った。

9 　請求人は、令和元年6月20日、本件賦課決定処分に不服があるとして、審査請求をした。

争　点

　本件郵便物の課税価格は幾らか（本件郵便物の内容品の価格は
幾らか）。

原処分庁の主張

　本件郵便物の内容品の価格は、本件告知書に記載された○○○○ポ
ンドと認められる。

　そうすると、本件規定の適用がある場合における本件郵便物の課税
価格は、本件通達の定めなどを適用した結果○○○○円となる。

裁　決

1　税関告知書は、記載事項に誤りがないことを郵便物の発送者自ら
　が証明する書面であるが、本件では、請求人が本件告知書の価格の
　記載に誤りがある旨主張しており、直ちにこれを本件郵便物の内容
　品の価格とみて争点（本件郵便物の内容品の価格は幾らか。）につ
　いての判断をすることは相当でない。

　　そこで検討するに、本件郵便物にはその内容品以外のものが封入
　されていないなど、本件郵便物の内容品の価格が直ちに明らかとな
　り得る証拠資料等がない状況であるため、本件郵便物の内容品が本
　件商品であったと認められるか否か判断した上で、争点について判
　断すべきである。

2　すなわち、M外郵出張所長が税関検査の際に本件郵便物の内容
　品を撮影した写真などといった、本件郵便物の内容品がどのような
　ものであったか可視的に確認できる証拠資料等はないが、請求人が
　主張するように、本件郵便物の内容品が本件商品であったと認めら
　れるならば、その価格は明らかであるから、争点についての判断が
　できることとなる。

　　他方、本件郵便物の内容品が本件商品であったとは認められな

いならば、その内容品は本件商品以外の別の貨物ということとなる。この場合、本件郵便物の内容品の価格について、本件告知書の記載に誤りがあったことが明らかとはならず、かえって、先に述べたように税関告知書が記載事項に誤りがないことを発送者自らが証明する書面であることからすれば、本件郵便物の内容品の価格は○○○○ポンドであったといわざるを得ず、やはり、争点についての判断ができることとなる。

3　本邦に所在する者が、外国から商品を購入し、その後、郵便により当該商品を受け取るためには、①商品を注文する、②商品の代金を支払う、③郵便により商品を郵送させる、④税関による通関手続を経る、その後、⑤郵便物、すなわち当該商品を受け取るといった手続を全て行う必要がある。

　本件郵便物の内容品が本件商品であるとした場合、①請求人が本件商品を注文し、②代金の支払をしたことにより、本件譲渡人により直ちに本件商品が発送される状態になってから、③本件譲渡人が本件郵便物を請求人宛に発送し、④税関による通関手続を経た後、本件通知書により本件郵便物に対して課税されることが請求人に了知され、請求人が本件メールを送信した後、⑤本件郵便物を受け取るまで、全ての手続を行ったことが明らかとなっている上、上記①から⑤までを一連の手続としてみた場合に時系列の点で矛盾点がなく、かつ、前の行為から後の行為に至るまでの間に、大幅な期間の経過があったなど不自然な点もない。

　加えて、本件メールの件名には、本件サイトで本件商品を注文したことにより付番された本件注文番号と同一の番号があること、及び請求人からの（貨物を特定しない状態での）代金の支払を証する証拠資料等を本件譲渡人が有していないかとの問合せに対して同人が本件メールに添付した画像データが、本件商品及び本件郵便物に係るものであったことを考慮すると、本件郵便物の内容品は本件商

品であったと考えるのが自然である。

4　また、M外郵出張所長の税関検査において、本件郵便物の内容
品は、本件商品と同様、フランス製のミニカーであったことが確認
されていること、及び本件郵便物の内容品と同内容品を封入してい
た封筒を併せた重量と本件商品の重量に当審判所が計測した本件郵
便物の内容品が封入されていた封筒の重量を加算した重量とが相当
近似していることからみても、本件郵便物の内容品は本件商品で
あったと考えるのが自然である。

5　他方、本件郵便物の内容品が本件商品以外の別の貨物であったと
した場合、請求人は、本件譲渡人から本件商品と当該別の貨物の二
つを取得し、その後、当該別の貨物を内容品とする本件郵便物の輸
入に際して消費税等が課税されたことに対し本件メールを送信した
こととなる。通常、ほぼ同時期に生じた取引についての請求人から
のクレームに対しては、そのクレームの対象となったのは本件商品
に関するものであるのか、あるいは当該別の貨物に関するものなの
か確認することがあってしかるべきところ、本件メールではそのよ
うなやり取りは一切ない。

　このことからすれば、本件郵便物の内容品が本件商品以外の別の
貨物である可能性は極めて低い。

6　以上のとおり、①請求人による本件商品の注文から本件郵便物の
受取までを一連の手続としてみた場合に時系列の点で矛盾点がな
く、かつ、不自然な点もないことに加え、本件メールの件名や添付
された画像データからも、本件郵便物の内容品は本件商品であった
と考えるのが自然であること、②本件郵便物の内容品及び本件商品
の原産国や重量などをみても、本件郵便物の内容品は本件商品で
あったと考えるのが自然であること、③請求人と本件譲渡人との本
件メールでのやり取りから、本件郵便物の内容品が本件商品以外の
別の貨物である可能性は極めて低いことを総合勘案すると、本件郵

便物の内容品は本件商品であったと認められる。

7　そして、請求人が本件商品を注文するに当たって本件譲渡人と取り決めた事項は、追加で税金が課される場合があることなど上記に掲げるもの以外にはなく、ほかの取決めがあったことをうかがわせる証拠もない。したがって、本件郵便物の内容品の価格は○○○○ポンドと認められる。また、本件郵便物の内容品の価格が○○○○ポンドと認められることから、請求人が主張するように、本件郵便物の内容品の価格が○○○○ポンドである旨の本件告知書の記載は誤りであったこととなる。

したがって、原処分庁の主張には理由がない。

立証ポイント

1　本件郵便物の課税価格は幾らかが争点となっているが、これは、税関告知書の価格の記載と本件商品の価格が異なっていたことによる。税関告知書は、記載事項に誤りがないことを郵便物の発送者自らが証明する書面であることから、原処分庁は、税関告知書の記載が正しいことを前提として課税価格を認定したが、請求人は、税関告知書の記載は誤りであり、本件郵便物の内容物は、本件商品であると主張した。

そこで、裁決では、本件郵便物の内容物が本件商品であったのか否かについて判断をしている。

2　裁決では、

①　本件商品の発注から本件郵便物の受取までの一連の流れ、

②　本件郵便物と本件商品の原産国及び重量の整合性、

③　本件譲渡人と請求人のメールのやり取りの内容と本件商品との整合性、

を検討した結果、本件郵便物の内容物が本件商品であると結論付けた。

裁決は、①については、時系列の点で矛盾点がなく、かつ、不自然

な点もないことに加え、本件メールの件名や添付された画像データからも、本件郵便物の内容品は本件商品であったと考えるのが自然であるとし、②については、M外郵出張所長の税関検査において、本件郵便物の内容品は、本件商品と同様、フランス製のミニカーであったことが確認されていること、及び本件郵便物の内容品と同内容品を封入していた封筒を併せた重量と本件商品の重量に当審判所が計測した本件郵便物の内容品が封入されていた封筒の重量を加算した重量とが相当近似していることからみても、本件郵便物の内容品は本件商品であったと考えるのが自然であるとし、③については、請求人と本件譲渡人との本件メールでのやり取りから、本件郵便物の内容品が本件商品以外の別の貨物である可能性は極めて低いとした。

3　本件のような物の同一性が争点となる場合には、

①　物の移動がある場合には、その移動の一連の流れが自然なものかどうか、不自然な点がないか、同じ移動をした別の物と入れ替わった可能性がないか、

②　物の移動がない場合には、他の物が混入し、あるいは入れ買った可能性がないか、

③　物の形、重量、製造元、色などが整合しているか(物理的整合性)、

④　関係人の供述やメール等のやりとりと物の一致との整合性、

などを検討し、証拠を収集して主張及び立証をしていくことが肝要である。

事例

法人税に関する無申告の確定的な意思

令和2年2月13日裁決

　請求人が法人税等の申告をしていなかったところ、原処分庁が、請求人は確定的な意思に基づいて無申告を貫いていたものとして、調査の結果行われた期限後申告に係る重加算税の各賦課決定処分をした事案

事案の概要

1　請求人は、昭和60年6月○日に設立された有限会社であり、道路交通安全施設工事を主たる事業としている。

2　請求人の代表取締役は、設立時から平成30年12月1日までの間をG（以下「本件前代表者」という。）が、そして、同日以降を本件前代表者の長男E（以下「本件代表者」という。）がそれぞれ務めている。また、本件代表者の妻Hは、同日、請求人の取締役に就任し、現在に至っている。

3　請求人は、設立時以降、平成14年12月1日から平成15年11月30日までの事業年度までの間、原処分庁に対して、いずれも請求人の税務代理人であったJ税理士が作成した確定申告書を提出していた。

4　請求人は、原処分庁による実地の調査（以下「本件調査」という。）を受けるまで、原処分庁に対して、平成16年11月期以降の確定申告書を提出していなかった。

5　請求人の設立時から平成13年11月頃までの間の会計帳簿は、本件前代表者の妻Kが作成していた。

　なお、本件前代表者の妻は、平成13年11月○日に死亡した。

6　本件前代表者の妻の死亡以降、平成15年11月期までの間の請

求人の会計帳簿は、J税理士が作成した。

7　J税理士は、請求人から提出された書類が不十分であることを理由に請求人の平成16年11月期の法人税の税務代理を断った。そのため、請求人は、同期以降本件調査に至るまで、請求人の事業に係る取引書類の整理は行っていたものの会計帳簿を作成していなかった。

8　原処分庁所属の調査担当職員（以下「本件調査担当職員」という。）は、平成30年8月28日、本件調査を開始した。

9　請求人は、本件調査の結果を受け、平成30年11月9日、法人税、復興特別法人税及び地方法人税並びに消費税及び地方消費税について、申告した。

10　原処分庁は、請求人は確定的な意思に基づいて無申告を貫いていたものとして、平成30年11月29日付で、本件各事業年度の法人税、本件各課税事業年度の復興特別法人税及び地方法人税並びに本件各課税期間の消費税等の重加算税の各賦課決定処分（以下「本件各賦課決定処分」という。）をした。

争　点

　請求人に、通則法第68条第2項に規定する「隠蔽し、又は仮装し」に該当する事実があったか否か。

原処分庁の主張

1　本件前代表者は、請求人の売上金額の入金状況などから年間の所得を容易に把握することができ、その利益が生じていたとの認識を持っていたこと、平成15年11月期以前の事業年度については法人税の確定申告を行っていたこと、また、原処分庁から申告書提出のための督促はがきを送付されていたことなどからすると、請求人は、法定申告期限までに確定申告すべきこと並びに申告すべき課税標準

事例 17

及び納付すべき税額が生じていたことを明確に認識していたと認められ、それにもかかわらず、10年以上の長期間にわたり、一度たりとも確定申告をしなかった。

2　本件前代表者は、税金の計算ができないように、総勘定元帳などの帳簿を一切作成、保存しようとせず、法人の代表取締役が適正に申告しようとするならば通常行うべき行為を、長期間にわたり、全く行っていなかった。

3　本件前代表者は、適正な所得金額の把握を困難にさせるために、請求書のほとんどを残していたにもかかわらず、請求書などの書類を全て捨てたと本件調査担当職員に虚偽の答弁をした。

4　上記1ないし3の行動は、請求人の申告書を法定申告期限内に提出しなかったことが、単なる不申告行為にとどまるものではなく、確定的な意思に基づいて無申告を貫いていたものと認められ、課税標準等及び税額等を申告しないことによって税を免れることを意図した特段の行動と認められる。

裁決

1　重加算税を課するためには、納税者が法定申告期限までに納税申告書を提出しなかったこと（無申告行為）そのものとは別に、隠蔽、仮装と評価すべき行為が存在し、これに合わせた無申告行為を要するものである。しかし、上記の重加算税制度の趣旨に鑑みれば、架空名義の利用や資料の隠匿等の積極的な行為が存在したことまで必要であると解するのは相当でなく、納税者が、当初から課税標準等及び税額等を法定申告期限までに申告しないことを意図し、その意図を外部からもうかがい得る特段の行動をした上、その意図に基づき法定申告期限までに申告をしなかったような場合には、重加算税の上記賦課要件が満たされるものと解するのが相当である。

2　請求人が無申告であった平成16年11月期以降の期間において、

本件前代表者は、平成23年頃、L税理士に請求人の申告書の作成を依頼したが留保された。また、本件代表者の妻は、平成26年11月頃、J税理士に請求人の税務代理を断られ、その他にも2名ないし3名の税理士に請求人の税務代理を依頼したが、いずれも断られ、さらに、平成28年12月、M税理士に請求人の税務代理の依頼をしたが、これも断られた。

　そうすると、請求人が、長年にわたり会計帳簿を作成せず、これを改めることなく申告をしなかったことは認められるものの、上記の本件前代表者及び本件代表者の妻の行動からすれば、請求人は、漫然と無申告の状態を放置していたわけではなく、むしろ、申告をしようとしていたことがうかがえる。

3　本件調査において、本件前代表者は、平成30年8月28日に本件調査担当職員に対し、請求書などの書類は全て捨てた旨、一度は申述したことが認められるものの、請求人は、その翌日である同月29日には本件代表者が管理していた書類を、さらに、同月31日には本件前代表者が管理していた書類を、それぞれ本件調査担当職員に提示している。そして、その後、請求人は、確定申告書の提出の勧奨にも応じて申告しており、その確定申告書を見ると、請求人が原処分庁に提示した書類に基づき算定されていた。

　これらの事実からすれば、この本件前代表者の申述について、直ちに虚偽の答弁を行ったとまで評価することはできず、まして、この申述によって、請求人が無申告で済ませようとする態度を貫いたとか、本件調査に非協力的な態度をとったとか、本件調査を困難ならしめる状況を作出したなどと評価することもできない。

4　上記の事情を総合すると、請求人は、申告の必要性を認識しながら、これをしなかったことは認められるものの、税を免れようとする確定的な意思に基づいて無申告を貫いていたとまで評価することはできないから、その無申告行為そのものとは別に、法定申告期限

までに申告しないことを意図し、その意図を外部からもうかがい得る特段の行動をしたと認めることはできない。そして、その他原処分関係資料及び当審判所の調査の結果によっても、請求人が、法定申告期限までに申告しないことを意図し、その意図を外部からもうかがい得る特段の行動をしたと認めるに足りる事実はない。

　したがって、請求人に、通則法第68条第2項に規定する「隠蔽し、又は仮装し」に該当する事実があったと認めることはできない。

立証ポイント

1　本件は、法人による無申告の事案であるが、裁決は、まず法令解釈として、過少申告事案に関する「納税者が、当初から所得を過少に申告することを意図し、その意図を外部からもうかがい得る特段の行動をした上、その意図に基づく過少申告をしたような場合には、重加算税の賦課要件が満たされるものと解するのが相当である（最高裁平成7年4月28日第二小法廷判決・民集49巻4号1193頁参照）」との最高裁判決に準拠して、「納税者が、当初から課税標準等及び税額等を法定申告期限までに申告しないことを意図し、その意図を外部からもうかがい得る特段の行動をした上、その意図に基づき法定申告期限までに申告をしなかったような場合には、重加算税の上記賦課要件が満たされるものと解するのが相当である」との規範を定立した。

2　原処分庁は、本件は、単なる不申告行為にとどまるものではなく、確定的な意思に基づいて無申告を貫いていたものと認められるとして、税を免れることを意図した特段の行動があったとし、その理由として、①申告すべきことを認識しながら10年以上も1度も申告していないこと、②総勘定元帳などの帳簿を一切作成、保存しようとしておらず、それは適正に申告しようとする代表者の行動と矛盾すること、③税務調査における虚偽答弁を挙げた。

3　これに対し、裁決は、①前代表者及び本件代表者は、何人もの税理士に確定申告を依頼しようしたが断られており、申告意思がうかがわれること、②本件代表者は、一旦虚偽答弁をしたものの、翌日及び3日後には求められた書類を提出しており、無申告の意思が貫かれているとはいえないこと、から、申告の必要性を認識しながら、これをしなかったことは認められるものの、税を免れようとする確定的な意思に基づいて無申告を貫いていたとまで評価することはできないとして、隠蔽又は仮装がないと認定して、処分を取り消した。

4　本件裁決の重点は、無申告の意思が貫かれているかどうか、という点であり、

(ア)　一貫した無申告の意思と矛盾する行動の有無

(イ)　申告する意思があるからこそとった行動の有無

が判断のポイントとなっており、前代表者及び本件代表者が複数の税理士に申告を依頼したこと及び虚偽答弁と矛盾する行動をとっていることがこれらに該当することとなる。本件では、主張立証されていないが、申告しない意思があるならば、当然行っているであろう行動の不存在があるならば、納税者としては、この点も主張立証を検討することになる。たとえば、売上に関する書類を整理し、一覧表にまとめていたが、その書類を廃棄していないなどの事実である。

　　裁決では、本件代表者が、一旦虚偽答弁をしたものの、翌日及び3日後には求められた書類を提出しており、無申告の意思が貫かれているとはいえないとしたが、無申告及び税務調査における虚偽答弁の時点までは、無申告の意思が継続していたものの、その後改心して書類を提出することもあり得るので、税務調査における虚偽答弁は避けるべきである。反対に、税務調査において指摘を受けた際にただちに認める態度は、納税者に有利な事情となる。

令和元年12月18日裁決

> 本件は、相続税申告をしなかった請求人が、税務署からのお尋ね文書に相続財産の一部を記載しなかった行為が隠蔽又は仮装にあたるとして、重加算税賦課決定がされた事案

事案の概要

1 請求人の父であるF（以下「本件被相続人」という。）は、平成28年7月29日付で、G銀行の預金並びに同行で購入した債券及び投資信託については請求人の姉であるH（以下「本件姉」という。）に相続させ、それ以外の財産については請求人に相続させる旨の自筆証書による遺言書を作成した。

2 本件被相続人は、平成28年11月○日に死亡し、その相続（以下「本件相続」という。）が開始した。

   なお、本件相続に係る相続人は、本件被相続人の子である請求人及び本件姉の2名のみである。

3 別表1の順号1から順号14までの財産（以下「請求人取得財産」という。）及び本件被相続人が所有していた不動産等は、いずれも請求人が本件相続により取得したもの（相続税法第3条《相続又は遺贈により取得したものとみなす場合》第1項の規定により取得したものとみなされる財産を含む。以下同じ。）である。

   また、別表2の順号1から順号14までの財産（以下「本件姉取得財産」という。）は、いずれも本件姉が本件相続により取得したものである。

4 原処分庁は、平成29年5月10日付で、請求人に対し、「相続税の申告等についての御案内」と題する文書及び「相続についてのお

尋ね」と題する文書（以下「本件お尋ね文書」という。）などを発送した。

　なお、本件お尋ね文書には、注意書として、「あくまでも概算による結果です」及び「相続税の申告が不要な場合には、お手数ですが、この『相続についてのお尋ね』を作成していただき、税務署に提出してください」と記載されていた。

5　請求人は、平成29年6月9日付で、本件お尋ね文書に以下の内容を記載した上、これをJ税務署に提出した。

　㋑　相続人の数　2人

　㋺　財産の内訳及び金額　別表3のとおり

　㋩　葬式費用の概算　100万円

　㊁　上記㋺の金額から上記㋩の金額を差し引いた金額　3,219万円

　㋭　基礎控除額　3,000万円＋（2人 × 600万円）=4,200万円

　㋬　上記㊁の金額から上記㋭の金額を差し引いた額　△981万円

6　請求人は、本件相続に係る請求人分の相続税（以下「本件相続税」という。）について、その法定申告期限（以下「本件申告期限」という。）までに、申告書を提出しなかった。

7　その後、請求人は、原処分庁所属の職員による調査（以下「本件調査」といい、本件調査を担当した原処分庁所属の職員を「本件調査担当職員」という。）を受け、平成30年8月28日、別表4の「申告」欄のとおり記載した本件相続税に係る申告書を提出した。

　なお、当該申告書の第11表（相続税がかかる財産の明細書）には、請求人取得財産及び本件姉取得財産を含む財産が記載されていた。

8　原処分庁は、請求人が請求人取得財産及び本件姉取得財産の存在を隠蔽し、本件申告期限までに本件相続税に係る申告書を提出しなかったとして、請求人に対し、平成30年11月7日付で、別表4の「賦課決定処分」欄のとおりの重加算税の賦課決定処分（以下「本件賦課決定処分」という。）をした。

争　点

　本件申告期限までに本件相続税に係る申告書を提出しなかったことにつき、通則法第68条第2項に規定する重加算税の賦課要件を満たすか否か。具体的には、相続税申告をしなかった請求人が、税務署からのお尋ね文書に相続財産の一部を記載しなかった行為が隠蔽又は仮装にあたるか。

原処分庁の主張

1　本件お尋ね文書は、課税庁が調査の要否等の判断の資料とするために、対象となる納税者に任意の提出を求めるものである。納税者がそれに虚偽の内容を記載した場合には、課税庁の当該判断を誤らせるおそれがあるから、納税者が本件お尋ね文書に意図的に虚偽の記載をしてこれを提出した場合には、通則法第68条第2項に規定する隠蔽又は仮装の行為があったといえる。

　本件についてみると、請求人は、本件相続税の申告をしなければいけないと認識していた上、本件お尋ね文書の提出前に、税理士無料相談会において、本件お尋ね文書に記載すべき内容等の説明を受けたはずであるにもかかわらず、請求人取得財産及び本件姉取得財産を記載しなかった。このような事情によれば、本件お尋ね文書に意図的に虚偽の記載をしてこれを提出したといえ、通則法第68条第2項に規定する隠蔽又は仮装の行為があったと認められる。

2　重加算税制度の趣旨によれば、税務知識を相当有する者が、自身に課税標準等があることを認識した上で、これを申告しない場合にも、通則法第68条第2項に規定する重加算税の賦課要件を満たすと解される。

　本件についてみると、請求人は、K市の市民税課に長年勤務しており、税務の基本的な知識を熟知していたものと考えられる。加えて、請求人は、無申告加算税の割合などの知識を有し、本件姉から

本件相続税の申告等を税理士に依頼することを提案された際も、自ら申告書を作成する旨回答したことなども考慮すれば、請求人が税務知識を相当有する者であったことは明らかである。

　また、請求人は、請求人取得財産の金額をある程度具体的に把握していた上、本件姉取得財産の金額も本件姉に確認するなどして、本件相続税の申告をしなければいけないと考えていたのであるから、本件申告期限までに本件相続税に係る課税標準等があることを十分認識していたと認められる。

　以上に加え、上記1の本件お尋ね文書に係る事情も考慮すれば、請求人は、税務知識を相当有する者であり、自身に課税標準等があると認識していながら、故意にこれを申告しなかったといえるから、この点でも、重加算税の賦課要件を満たすと認められる。

3　仮に上記1又は2の原処分庁の主張が認められないとしても、

　⑴　税務知識を相当有する者である請求人が、自身に課税標準等があると認識していながら、故意にこれを申告しなかったこと、

　⑵　請求人が意図的に虚偽の記載をした本件お尋ね文書を提出したこと、

　⑶　本件申告期限までに申告書を提出するための具体的な行為をしていないこと、

　⑷　本件姉から税理士に依頼することを提案されていたにもかかわらず、本件調査の際に、税理士に依頼することは無知で考えていなかったなどと申述し、虚偽と評価すべきであること

を考慮すれば、請求人が当初から本件相続税の申告をしないことを意図し、その意図を外部からもうかがい得る特段の行動をした上で、その意図に基づき期限内申告書を提出しなかった場合に該当するといえる。したがって、通則法第68条第2項に規定する重加算税の賦課要件を満たしている。

裁　決

1　納税者が、当初から課税標準等及び税額等を申告しないことを意
図し、その意図を外部からもうかがい得る特段の行動をした上、そ
の意図に基づき期限内申告書を提出しなかったような場合には、重
加算税の賦課要件が満たされるものと解するのが相当である。

2　本件お尋ね文書の内容によれば、確かに、請求人が請求人取得財
産及び本件姉取得財産を記載せずにこれを提出したことは認められ
る。

　　しかしながら、そもそも、本件お尋ね文書は、その記載すべき内
容や提出すること自体も法定されているものではなく、飽くまで
も税務署が納税者に対し任意の提出を求める性質のものであるか
ら、一般の納税者がその存在を当然に認識しているものとはいえな
いし、提出者に相続財産の概括的な金額の記載を要求するものにす
ぎない。このような本件お尋ね文書の性質に鑑みると、請求人が提
出した本件お尋ね文書の内容が事実と異なるということのみをもっ
て、直ちに請求人が本件お尋ね文書に意図的に虚偽の記載をしてこ
れを提出したとまで認めることはできない。

　　そして、原処分庁は、他にその主張を裏付けるに足りる証拠を提
出せず、また、当審判所の調査によっても、請求人が本件お尋ね文
書に意図的に虚偽の記載をしてこれを提出したと認めるに足りる証
拠は見当たらない。

　　したがって、請求人が本件お尋ね文書に意図的に虚偽の記載をし
てこれを提出したと認めることはできない。

3　次に、原処分庁は、隠蔽等の積極的な行為が存在しないとしても、
納税者が、当初から課税標準等及び税額等を申告しないことを意図
し、その意図を外部からもうかがい得る特段の行動をした上、その
意図に基づき期限内申告書を提出しなかったような場合には、通則
法第68条第2項に規定する重加算税の賦課要件が満たされる旨主張

する。

　そこで、この点について検討すると、請求人が本件お尋ね文書に意図的に虚偽の記載をしてこれを提出したと認めることができないことは、上記で述べたとおりであるから、本件お尋ね文書に請求人取得財産及び本件姉取得財産を記載せずに提出した行為のみをもって、請求人に本件相続税を申告しない意図があったということはできない。むしろ、請求人は、本件申告期限前、本件姉に対して、自ら本件相続税を申告する意思を示していたと認められる事情が存在する。さらに、請求人は、本件調査時においても、その初日（平成30年4月24日）から、本件調査担当職員に対し、本件相続財産一覧表を提出し、しかも、その一覧表に記載された財産以外に請求人及び本件姉が本件相続により取得した財産は確認されなかったというのであるから、これらの事情から、請求人は、本件被相続人の相続財産を隠匿するような行動には出ていなかったというべきである。また、当審判所に提出された証拠資料等を精査しても、その他に、請求人が当初から本件相続税を申告しない意図があり、かつ、その意図を外部からもうかがい得る特段の行動があったとされる事情は見当たらない。

　したがって、請求人が、当初から本件相続税を申告しないことを意図し、その意図を外部からもうかがい得る特段の行動をした上、その意図に基づき期限内申告書を提出しなかったような場合に該当するとはいえない。

4　以上によれば、請求人が本件申告期限までに本件相続税に係る申告書を提出しなかったことにつき、通則法第68条第2項に規定する重加算税の賦課要件を満たすということはできない。

5　原処分庁は、請求人は、本件お尋ね文書の提出前に、税理士無料相談会において、本件お尋ね文書に記載すべき内容等の説明を受けたはずであり、それにもかかわらず、請求人が本件お尋ね文書に本

件被相続人の相続財産の全てを記載しなかったことから、本件お尋ね文書に意図的に虚偽の記載をしてこれを提出したといえる旨、及び、請求人が税務知識を相当有する者であり、自身に課税標準等があることを認識していながら、故意にこれを申告しなかったといえるから、通則法第68条第2項に規定する重加算税の賦課要件を満たす旨主張する。

　しかしながら、請求人は、2回もK市役所で開催された税理士無料相談会に参加し、税理士に対して相続税に関する相談をしていたのであるから、かねてから相続税を含めた税務知識をあまり有していなかったと認めるのが自然かつ合理的であって、また、この2回にわたる相談は、いずれも1時間も満たない程度で終了したのであるから、請求人が、これらの相談によって税務知識を相当程度有するに至ったと認めることもできない。なお、仮に請求人がこれらの相談の機会に多少の税務知識を得たとしても、このことをもって、直ちに本件お尋ね文書に意図的に虚偽の記載をしたとまで評価できるものではない。

　したがって、この点に関する原処分庁の主張には理由がない。

立証ポイント

1　本件では、相続税申告をしなかった請求人が、税務署からのお尋ね文書に相続財産の一部を記載しなかった行為が隠蔽又は仮装にあたるかどうかが争点となっており、請求人が本件お尋ね文書に意図的に虚偽の記載をしてこれを提出したかどうかがポイントになっている。

2　裁決では、お尋ね文書が法定の文書ではなく、任意の提出を求めるなどのお尋ね文書の性質から、内容が事実と異なっているということのみをもって、直ちに請求人が本件お尋ね文書に意図的に虚偽の記載をしてこれを提出したとまで認めることはできない、とし、

その他の事情からしても、請求人が本件お尋ね文書に意図的に虚偽の記載をしてこれを提出したとまで認めることはできないとした。請求人に隠蔽又は仮装があった事実の立証責任は原処分庁にあるところ、その証明ができなかったということになる。

3　請求人が本件お尋ね文書に意図的に虚偽の記載をしたと認定されるのを障害する事実（請求人に有利な事実）としては、

　㈠　虚偽の記載の意図と矛盾する行動、

　㈣　虚偽の記載の意図がない（申告意図がある）からこそとった行動、

　㈦　無申告の意思の一貫性と矛盾する行動、

　㈢　申告しない意思があるならば、当然行っているであろう行動の不存在、

　㈥　意図的な虚偽記載以外の可能性がある事情、

などが考えられる。本件では、請求人は、平成29年1月頃に本件姉と電話で会話した際、本件姉から、本件相続税の申告等を税理士に頼むことを提案されたが、「自分でやりたい。市役所で税理士の相談会もあるから自分でやってみたい。」などと回答した行動があり、これは、㈣に該当する。請求人が、本件調査時において、その初日から、本件調査担当職員に対し、相続財産の全てが記載された本件相続財産一覧表を提出した行動があり、これは、㈦に該当する。お尋ね文書が法定文書ではなく、任意の文書であるなどの事情は㈥に該当する。本件では認定されていないが、㈢の例としては、例えば預金であれば解約や通帳の廃棄をしていない事情などがこれに該当する。

4　本件のように、相続税申告において相続財産の脱漏があり、何らかの文書に虚偽の記載がある時において、その記載をしたのが意図的かどうかが争われる場合には、①請求人が記載の当時、相続財産の存在を認識していたか、②認識していたとして、意図的に虚偽の

記載をしたか、というように二段階で認定することが多いと思われるが、本件裁決では、①を認定せず、②のみの認定で結論を導いている。二段階で認定する場合、①が否定された時点で②の認定をする必要がなくなるものであるから、この点についても証拠を提出することが望ましい。たとえば、遺言の内容をよく確認していない、相続した預金が遺言執行者により解約され、請求人名義の預金口座に振り込まれたが、当該預金口座の内容を確認していない、などの事実である。納税者としては課税要件を分解し、各段階について、要件の充足を障害する事実の主張・立証に努めるべきである。

関与税理士への預金の存在の不告知

令和元年11月19日裁決

> 請求人の母が相続税申告をしたところ、相続財産の一部が申告漏れになっており、これは、母が関与税理士に預金の存在を伝えなかった隠ぺいが原因であるとして、重加算税の賦課決定処分を行った事案

事案の概要

1 請求人の兄であるF（以下「本件被相続人」という。）は、平成27年4月○日に死亡し、本件被相続人に係る相続（以下「本件相続」という。）が開始した。

　なお、本件相続に係る相続人は、本件被相続人の母であるG（以下「本件相続人」という。）のみである。

2 本件相続人は、平成27年5月15日、H銀行○○支店において、別表1の本件被相続人名義の預金3口（口座番号○○○○、○○○○及び○○○○。以下「本件預金」という。）を解約し、同支店の本件相続人名義の口座に預け入れる相続手続をした。

3 本件相続人は、平成27年8月10日、本件相続に係る相続税の申告書の作成をJ税理士に依頼した。

4 本件相続人は、本件相続に係る相続税について、法定申告期限までに申告した（以下、当該申告を「本件申告」という。）。

5 本件相続人は、平成30年4月24日、原処分庁所属の調査担当職員（以下「本件調査担当職員」という。）の調査（以下「本件調査」という。）を受けた。

6 本件相続人は、平成30年7月17日、本件調査の結果、本件預金のほか本件被相続人名義のK銀行の預金や国債など合計○○○○円の相続財産の申告漏れがあるとして、修正申告書を提出した。

7　請求人は、本件相続人が平成30年7月〇日、死亡したことから、通則法第5条《相続による国税の納付義務の承継》第1項の規定により、本件相続人の納税義務を承継した。

8　原処分庁は、平成30年8月27日付で、請求人に対して、申告漏れ財産について、本件相続人が税理士に伝えなかったことに隠蔽があるとして、重加算税等の賦課決定をした。

争　点

　本件預金の申告漏れについて、本件相続人に通則法第68条第1項に規定する事実の隠ぺい又は仮装の行為があったか否か。具体的には、申告漏れ財産について、本件相続人が税理士に伝えなかったことは隠蔽にあたるか。

原処分庁の主張

　本件相続人は、平成27年5月15日に、H銀行〇〇支店において本件預金を解約して同支店の本件相続人名義の口座に預け入れ、本件相続の開始日において本件預金があることを知っていたにもかかわらず、J税理士に本件預金の存在を伝えることなく、本件申告において本件預金を本件被相続人の相続財産に含めなかった。このことは、通則法第68条第1項に規定する事実の隠ぺい、又は仮装したところに基づいて故意に脱漏したと評価することができる。

　また、本件調査は本件相続人の同意の下で円滑に実施されたところ、本件預金をJ税理士に伝えなかったとする供述はJ税理士の立会いの下、本件相続人から任意に得られたものであり、信用性に疑いがあるものではない。

　なお、本件預金は本件被相続人名義であるところ、本件相続人は、本件調査担当職員に対し、本件預金は本件被相続人のものと考えてよい旨申述しており、加えて、本件調査において、本件預金が本件相続

人のものであるとする事実は確認されていない。

裁　決

1　納税者が、当初から相続財産を過少に申告することを意図し、その意図を外部からもうかがい得る特段の行動をした上、その意図に基づく過少申告をしたような場合には、重加算税の賦課要件が満たされるものと解するのが相当である。

2　本件調査担当職員が、平成30年4月26日付で作成した調査報告書には、要旨、本件調査担当職員が本件預金について、J税理士に「基本的には、先生に見せていないということは隠ぺいととられませんか。」と問い掛けたのに対し、J税理士は「わたしにみせていないのだからそうなります。」と申述した旨の記載があった。

3　J税理士は、平成31年3月25日、当審判所に対して、要旨次のとおり答述した。

イ　本件相続人から本件預金に係る通帳を提示されなかったことは事実だが、本件相続人が本件預金を隠ぺいしたのか又は（本件預金に係る通帳の）単なる提示漏れだったのかどうか、確たることは分からない。

ロ　本件調査担当職員から受けた調査結果説明の内容を本件相続人に伝え、修正申告書に押印をしてもらったが、その際、本件相続人に変わった様子はなく、私の話も理解していたと思う。

4　原処分庁は、本件預金の申告漏れについて、本件相続人が本件預金の存在を知っていたにもかかわらず、J税理士へ本件預金の存在を伝えなかったことについて、事実の隠ぺいあるいは故意に脱漏したと評価できる旨主張する。

　　しかしながら、その根拠となる調査報告書では、J税理士が本件調査担当職員に対し、「わたしにみせていないのだからそうなります。」と述べているだけであって、申述時におけるJ税理士の認識

を述べているに過ぎない。この申述内容からは、本件相続人がJ税理士に対して、本件預金の存在を、過失により伝えなかったのか、意図的に伝えなかったのかということまでは判別できず、あえて本件預金の存在を伝えなかったという意図まで読み取ることは到底できない。

5　そして、その他の原処分庁から提出されている証拠や当審判所に対するJ税理士の答述を踏まえても、本件相続人が本件預金の存在をJ税理士に伝えなかったことは認められるとしても、必ずしも本件相続人が本件預金を相続財産であることを認識した上で、あえてこれを伝えなかったとまで認めることはできない。

6　また、本件相続人は、本件預金について自ら解約手続を行い、本件相続人名義の口座へ入金していた事実からすれば、本件相続人が本件預金の存在を知っていたことは認められる。しかしながら、本件相続人は、本件預金を原処分庁が容易に把握し得ないような他の金融機関や本件相続人名義以外の口座などに入金したのではなく、解約した本件預金の口座と同じ金融機関の本件相続人名義の口座に入金していたのである。また、本件相続人は、平成27年5月15日に当該入金をした後、平成30年4月26日に至っても当該口座を解約していなかった。これらのことからすると、本件相続人が原処分庁をして本件預金の発見を困難ならしめるような意図や行動をしているとは認められない。

7　さらに、本件相続人は、本件預金の預金通帳が使用済通帳として破棄できる状況にありながら、本件調査が行われるまで保管し、本件調査の際には、本件調査担当職員の求めに応じて、本件預金の使用済通帳を素直に提示していること、本件調査担当職員から本件預金を含めた本件被相続人名義の財産の申告漏れを指摘されると、特段の弁明をすることなく当該事実を認め、修正申告の勧奨に応じて修正申告をしていることなどの事情からしても、本件相続人が、本

件預金を故意に本件申告の対象から除外する意図があったものとは
認め難い。そして、その他原処分関係資料及び当審判所の調査の結
果によっても、本件預金を故意に本件申告の対象から除外したと推
認させる事実を認めるに足りる証拠はない。

　これらによれば、本件相続人が当初から相続財産を過少に申告す
る意図を有し、その意図を外部からもうかがい得る特段の行動をし
た上、その意図に基づく過少申告をしたものと認めることはできな
い。

　そうすると、通則法第68条第1項に規定する課税標準等の計算の
基礎となるべき事実の隠ぺい又は仮装の行為があったとは認められ
ない。

立証ポイント

1　裁決は、まず、法令解釈として、本件相続人が「当初から過少に
　申告することを意図し、その意図を外部からもうかがい得る特段の
　行動をした上、その意図に基づく過少申告をした」と認められるか
　どうかという規範を定立した。これは、最高裁平成7年4月28日第
　二小法廷判決・民集49巻4号）の規範である。

2　本件裁決は、①本件相続人が、本件預金の存在を知っていたか、
　②知っていたとして、本件預金の存在を税理士に対して意図的に伝
　えなかったと認められるか、を問題にした。そして、本件裁決は、
　本件相続人が、本件預金について自ら解約手続を行い、本件相続人
　名義の口座へ入金していた事実から、本件相続人が本件預金の存在
　を知っていたものと認定した上で、必ずしも本件相続人が本件預金
　を相続財産であることを認識した上で、あえてこれを伝えなかった
　とまで認めることはできない、とした。

3　本件相続人が本件預金を相続財産であることを認識した上で、あ
　えてこれを税理士に対して隠したと認定されるのを障害する事実

（請求人に有利な事実）としては、

(ア)　本件預金を隠す意図と矛盾する行動、

(イ)　隠す意図がないからこそとった行動、

(ウ)　本件預金を隠す意思の一貫性と矛盾する行動、

(エ)　隠す意思があるならば、当然行っているであろう行動の不存在、

(オ)　意図的な不申告以外の可能性がある事情、

などが考えられる。

4　本件裁決が、J税理士が、審判所に対して、「本件相続人から本件預金に係る通帳を提示されなかったことは事実だが、本件相続人が本件預金を隠ぺいしたのか又は（本件預金に係る通帳の）単なる提示漏れだったのかどうか、確たることは分からない。」と答述していることなどから、「本件相続人がJ税理士に対して、本件預金の存在を、過失により伝えなかったのか、意図的に伝えなかったのかということまでは判別できず、あえて本件預金の存在を伝えなかったという意図まで読み取ることは到底できない。」としたのは、(オ)に該当する。

　本件相続人が、本件預金を原処分庁が容易に把握し得ないような他の金融機関や本件相続人名義以外の口座などに入金したのではなく、解約した本件預金の口座と同じ金融機関の本件相続人名義の口座に入金し、入金をした後、平成30年4月26日に至っても当該口座を解約していなかったことから、本件相続人が原処分庁をして本件預金の発見を困難ならしめるような意図や行動をしているとは認められないとしたのは、(ア)、(イ)に該当する。

　本件相続人が、本件預金の預金通帳が使用済通帳として破棄できる状況にありながら、本件調査が行われるまで保管し、本件調査の際には、本件調査担当職員の求めに応じて、本件預金の使用済通帳を素直に提示していること、本件調査担当職員から本件預金を含めた本件被相続人名義の財産の申告漏れを指摘されると、特段の弁明

をすることなく当該事実を認め、修正申告の勧奨に応じて修正申告
をしていることなどの事情からしても、本件相続人が、本件預金を
故意に本件申告の対象から除外する意図があったものとは認め難
い、としたのは、㈔、㈥に該当する。

事例

20 過少な金額を記載した売上メモの隠蔽又は仮装該当性

令和元年6月24日裁決

> 運送業を営む請求人が売上を除外して過少に申告をしていたところ、原処分庁が隠蔽又は仮装があるとして、重加算税賦課決定をした事案

事案の概要

1 請求人は、運送業（以下「本件事業」という。）を営む個人事業主である。

2 請求人は、平成21年から平成29年までの間、Mを従業員（以下「本件従業員」という。）として雇用し、本件事業に従事させていた。

3 請求人は、本件従業員に対して支払った給与（以下「本件給与」という。）について、本件各年分を通じて源泉徴収に係る所得税及び復興特別所得税（以下「源泉所得税等」という。）の徴収をしておらず、法定納期限までに原処分庁に納付しなかった。

4 請求人は、平成29年10月20日に、原処分庁所属の調査担当職員（以下「本件調査担当職員」という。）から、通則法第74条の9《納税義務者に対する調査の事前通知等》第1項に規定する「実地の調査」として請求人の自宅に同年11月1日に臨場する旨、電話連絡を受けた。

5 請求人から税務代理を委任されたP税理士（以下「本件税理士」という。）は、平成29年10月31日に、Q税務署を訪れ、本件調査担当職員に対して、請求人は、売上金額を半分程度しか申告していない旨、また、請求人は消費税の課税事業者に該当するところ、帳簿を作成していないが、仕入税額控除を認めて欲しい旨及び請求人

と本件従業員の合計2名で本件事業に従事している旨それぞれを説
明した。

6　原処分庁は、請求人に対し、重加算税賦課決定等をした。

争　点

(1)　請求人の事業所得の金額は、推計の方法により算定すべきか
否か（争点1）。

(2)　本件妻に係る専従者控除の額は、請求人の事業所得の金額の
計算上差し引くことができるか否か（争点2）。

(3)　本件各課税期間において、仕入税額控除が適用されるか否か
（争点3）。

(4)　請求人に、通則法第68条第1項及び第2項に規定する「隠
蔽し、又は仮装し」に該当する事実があったか否か（争点4）。

(5)　請求人に、通則法第70条第4項第1号に規定する「偽りそ
の他不正の行為」に該当する事実があったか否か（争点5）。

(6)　本件給与に係る源泉所得税等の金額の算定に当たり、源泉徴
収税額表の甲欄又は乙欄のいずれを適用すべきか（争点6）。

本書では、上記のうち争点(4)のみを扱うこととする。

原処分庁の主張

1　以下の事情に照らせば、請求人には、所得税等及び消費税等につ
いて「隠蔽し、又は仮装し」に該当する事実があったといえる。

　　請求人は、本件事業に係る毎月の売上金額を把握しつつ、税金を
免れるために、以下の行為をした。

(イ)　請求人は、本件従業員の運送分（以下「本件従業員分」という。）
の売上げを本件各年分の売上げの集計から除外し、売上金額が
1,000万円を超えないように調整した過少な売上金額を算定する

ためのメモ(以下「本件売上メモ」という。)を本件妻に作成させた。

　㈏　請求人は、本件売上メモに基づいて算定した過少な売上金額を、本件各収支内訳書に記載した。

　㈐　請求人は、本件各年分の所得税等を申告した後に、本件売上メモを廃棄した。

　㈑　請求人が本件各収支内訳書において記載した「売上（収入）金額」は、本件事業に係る売上金額の半分以下の金額であった。

　㈒　請求人は、本件給与など、本件従業員分の経費が毎年合計600万円以上ありながら、これらを本件各収支内訳書に必要経費の金額として計上しなかった。

2　所得税等及び消費税等について特段の行動があったといえることについて、上記㈑でみた各事情に照らせば、請求人は、当初から所得を過少に申告することを意図し、その意図を外部からもうかがい得る特段の行動をしたものといえる。

裁　決

1　通則法第68条第1項は、過少申告をした納税者が、その国税の課税標準等又は税額等の計算の基礎となるべき事実の全部又は一部を隠蔽し、又は仮装し、その隠蔽し、又は仮装したところに基づき納税申告書を提出していたときは、その納税者に対して重加算税を課する旨規定している。

　「この重加算税の制度は、納税者が過少申告をするについて隠ぺい、仮装という不正手段を用いていた場合に、過少申告加算税よりも重い行政上の制裁を科することによって、悪質な納税義務違反の発生を防止し、もって申告納税制度による適正な徴税の実現を確保しようとするものである。

　したがって、重加算税を課するためには、納税者のした過少申告行為そのものが隠ぺい、仮装に当たるというだけでは足りず、過少

申告行為そのものとは別に、隠ぺい、仮装と評価すべき行為が存在
し、これに合わせた過少申告がされたことを要するものである。し
かし、右記の重加算税制度の趣旨にかんがみれば、架空名義の利用
や資料の隠匿等の積極的な行為が存在したことまで必要であると解
するのは相当でなく、納税者が、当初から所得を過少に申告するこ
とを意図し、その意図を外部からもうかがい得る特段の行動をした
上、その意図に基づく過少申告をしたような場合には、右重加算税
の賦課要件が満たされるものと解すべきである。」（最高裁平成7年
4月28日第二小法廷判決・民集49巻4号1193頁参照）

2　請求人の本件各年分の所得税等の申告がいずれも過少となった主
な要因は、本件従業員分の売上げが事業所得の金額の計算上売上金
額に算入されなかったことにあると認められる。

　そして、請求人が、税負担を抑えるという動機から本件従業員分
の売上げを本件各収支内訳書に計上しなかったことは、請求人又は
本件妻の申述等によっても明らかであり、請求人は、当初から所得
を過少に申告するという意図を有していたものと認められる。

　請求人又は本件妻の申述等によれば、請求人は、本件従業員分の
売上げやその費用の額が本件事業に係る事業所得の金額の計算上売
上金額又は必要経費の金額に算入されるべきことを認識しつつ、こ
れらをあえてその集計計算から除くなどして本件各年分の売上金額
及び必要経費の金額を算出し、その算出したところに基づいて本件
各収支内訳書を作成の上、これに基づく本件各所得税等申告書を提
出することで過少申告行為に及んだものと認められる。

3　しかしその一方で、本件全証拠等によっても、上記の各過少申告
に至る過程で、請求人が架空名義の請求書を作成し、架空名義の本
件各支払明細書を作成させ、あるいは、他人名義の預金口座に売上
代金を入金させたというような事実は認められず、本件各支払明細
書や領収証等の取引に関する書類を改ざんし、あるいは本件売上メ

モを作成し、又はこれらの書類を意図的に破棄・隠匿したなどの事実も認められない。

4　そして、本件妻が、本件各支払明細書や領収証等の書類の一部（本件従業員に係るもの）を売上金額及び必要経費の金額の集計計算の基礎から作為的に除いていたという行為自体についても、請求人が本件各支払明細書や本件各預金通帳の全てを保存し、本件調査の際には、当初から売上金額の過少計上の事実を認めつつ、これらの書類を本件調査担当職員に提示していたという事情に鑑みると、当該行為をもって真実の所得解明に困難が伴う状況を作出するための隠蔽又は仮装の行為と評価することは困難である。

　　これらのことからすると、上記の各過少申告に至る過程で、請求人に隠蔽又は仮装と評価すべき行為があったということはできない。

5　原処分庁は、請求人が、本件事業に係る毎月の売上金額を把握しつつ税金の負担を免れるために、本件従業員分の売上げを除外し、売上金額が1,000万円を超えないように調整した過少な売上金額を算定するための本件売上メモを本件妻に作成させ、本件売上メモに基づいて算定した過少な売上金額を本件各収支内訳書に記載した上、各申告後に本件売上メモを廃棄していたとし、これらの行為が隠蔽又は仮装の行為に該当する旨主張する。

　　しかしながら、原処分庁が主張する本件売上メモについては、各申告後に現存していないことは当事者間に争いがなく、本件全証拠等によっても、本件売上メモが存在したという事実自体明らかではなく、そこに原処分庁が主張する趣旨の内容が記載されていたとも認められない。仮に、原処分庁の主張する本件売上メモが、本件妻が売上金額の集計作業の過程で広告の裏紙などを利用して作成していたとする何らかのメモを意味するものであったとしても、請求人の申述又は本件妻の答述に照らすと、当該メモは、飽くまで集計過

程の金額を備忘的かつ一時的に記載した単なる手控えにすぎないと
認めるのが相当であるから、そのようなメモを請求人又は本件妻が
申告後に廃棄していたとしても、これを隠蔽行為と評価することは
困難である。

6　また、原処分庁は、請求人が本件各収支内訳書に記載した売上金
額が本件事業に係る売上金額の半分以下であったこと、また、請求
人が本件従業員分の経費が毎年600万円以上ありながらこれらを本
件各収支内訳書に必要経費として計上しなかったことをもって、隠
蔽又は仮装行為に該当する旨主張する。

　確かに、本件各収支内訳書に記載された売上金額は、いずれの年
分においても原処分庁が本件各年分の所得税等の各更正処分によっ
て認定した売上金額の5割に満たない金額であり、また、本件各収
支内訳書に記載された必要経費の合計額に本件給与の額など本件従
業員分の費用の額が計上されていなかったことから、上記の各更正
処分において必要経費の金額がそれぞれ追加認容されたものと認め
られる。

　しかし、通則法第68条第1項に規定する重加算税を課すためには、
過少申告行為そのものとは別に、隠蔽又は仮装と評価すべき行為が
存在し、これに合わせた過少申告がされたことを要するから、本件
において、請求人が本件従業員分の売上げや費用の存在を認識しつ
つこれらを本件各収支内訳書に計上せず、申告対象から除外したと
いうだけでは、重加算税の賦課要件が満たされるものではないとい
うべきである。

7　さらに原処分庁は、請求人は当初から所得を過少に申告すること
を意図し、その意図を外部からもうかがい得る特段の行動をしたと
いえる旨主張する。

　しかし、原処分庁が主張する「特段の行動」とは、結局のところ、
請求人が、1本件売上メモを本件妻に作成させ、2本件売上メモに

基づいて算定した過少な売上金額を本件各収支内訳書に記載し、3
本件各年分の所得税等の申告後に本件売上メモを廃棄したこと及び
4本件各収支内訳書に記載した売上金額が本件事業に係る売上金額
の半分以下の金額であり、また、本件各収支内訳書に本件従業員分
の経費を必要経費として計上しなかったことをいうものであるとこ
ろ、本件売上メモが作成されていたと認められないことは上記のと
おりであり、また、本件収支内訳書に過少の売上金額や必要経費の
金額を記載したというだけでは、隠蔽又は仮装の行為があったとい
うことができないことは上記のとおりである。

　したがって、本件において、過少申告行為そのものとは別に、隠
蔽又は仮装の行為が存在し、これに合わせた過少申告がされたもの
と評価し得るような「特段の行動」が請求人にあったとは認められ
ない。

立証ポイント

1　本件は、請求人に過少申告の意思があったものの、隠蔽又は仮装
　の行為が存在し、これに合わせた過少申告がなされたのかどうかが
　争われた事案である。

　　裁決では、「重加算税を課するためには、納税者のした過少申告
　行為そのものが隠ぺい、仮装に当たるというだけでは足りず、過少
　申告行為そのものとは別に、隠ぺい、仮装と評価すべき行為が存在
　し、これに合わせた過少申告がされたことを要するものである。し
　かし、右記の重加算税制度の趣旨にかんがみれば、架空名義の利用
　や資料の隠匿等の積極的な行為が存在したことまで必要であると解
　するのは相当でなく、納税者が、当初から所得を過少に申告するこ
　とを意図し、その意図を外部からもうかがい得る特段の行動をした
　上、その意図に基づく過少申告をしたような場合には、右重加算税
　の賦課要件が満たされるものと解すべきである。」という最高裁平

成7年4月28日第二小法廷判決（民集49巻4号1193頁）を引用して
規範を定立した。

　その上で、請求人に過少申告の意思を認定したものの、隠蔽又は
仮装の行為がないとして処分を取り消した。

2　請求人の過少申告の意図は、請求人や請求人の妻の申述で認めた
ことから、認定された。裁決では、隠蔽又は仮装の行為については、
各過少申告に至る過程で、請求人が架空名義の請求書を作成し、架
空名義の本件各支払明細書を作成させ、あるいは、他人名義の預金
口座に売上代金を入金させたというような事実は認められず、本件
各支払明細書や領収証等の取引に関する書類を改ざんし、あるいは
本件売上メモを作成し、又はこれらの書類を意図的に破棄・隠匿し
たなどの積極的行為が認められないと判断した。積極的な隠蔽又は
仮装の行為がない場合でも、前述した最高裁判決では、「納税者が、
当初から所得を過少に申告することを意図し、その意図を外部から
もうかがい得る特段の行動をした上、その意図に基づく過少申告を
したような場合には、右重加算税の賦課要件が満たされる」として
いるので、このような行為があったかどうかを検討することになる。

　そして、裁決は、「本件妻が、本件各支払明細書や領収証等の書
類の一部（本件従業員に係るもの）を売上金額及び必要経費の金額
の集計計算の基礎から作為的に除いていたという行為自体について
も、請求人が本件各支払明細書や本件各預金通帳の全てを保存し、
本件調査の際には、当初から売上金額の過少計上の事実を認めつつ、
これらの書類を本件調査担当職員に提示していたという事情に鑑み
ると、当該行為をもって真実の所得解明に困難が伴う状況を作出す
るための隠蔽又は仮装の行為と評価することは困難である。」とし
て隠蔽又は仮装の行為はないとした。

3　原処分庁は、請求人が、売上金額が1,000万円を超えないように
調整した過少な売上金額を算定するための本件売上メモを本件妻に

作成させ、各申告後に本件売上メモを廃棄していたとし、これらの行為が隠蔽又は仮装の行為に該当する旨主張した。

　しかし、裁決では、本件売上メモの存在は立証されていないとし、また、仮に本件売上メモが、本件妻が売上金額の集計作業の過程で広告の裏紙などを利用して作成していたとする何らかのメモを意味するものであったとしても、請求人の申述又は本件妻の答述に照らすと、当該メモは、飽くまで集計過程の金額を備忘的かつ一時的に記載した単なる手控えにすぎないと認めるのが相当であるから、そのようなメモを請求人又は本件妻が申告後に廃棄していたとしても、これを隠蔽行為と評価することは困難であると判断した。

　令和3年3月24日裁決（**事例10**）は、請求人が所得税等の確定申告を依頼した第三者が隠蔽又は仮装の行為をした事案において、重加算税賦課決定がされたものである。当該第三者は、過大な経費を計上して作成した試算表をもとに申告を作成し、試算表は申告書を作成した後に廃棄していたところ、原処分庁は、試算表の作成をもって隠蔽又は仮装の行為であると主張した。しかし、裁決では、「試算表は、Ｈ自身が本件申告書を作成するためだけに一時的に利用した補助資料の域を出るものではないというほかなく、本件試算表の作成が、本件申告書の作成及び提出とは別の行為に該当すると認めることは困難である。」として、隠蔽又は仮装の行為であると認めなかった。ここでは、本件試算表を他人に見せることで事実をわい曲することを予定していたかどうかが重要となる。

　このように、申告書を作成する過程で作成する書類に内容虚偽の事実が記載された場合に、当該行為をもって隠蔽又は仮装と言えるかどうかが問題となるが、これについては、申告書作成の過程で作成された補助資料ないし手控えであり、他人に見せることを予定していなかったか、あるいは、申告とは別の行為であり、他人に見せることを予定し、事実をわい曲しようとした行為と評価できるのか、

慎重に検討すべきである。

4　裁決は、本件妻が、本件各支払明細書や領収証等の書類の一部を売上金額及び必要経費の金額の集計計算の基礎から作為的に除いていたという行為自体について、請求人が本件各支払明細書や本件各預金通帳の全てを保存し、本件調査の際には、当初から売上金額の過少計上の事実を認めつつ、これらの書類を本件調査担当職員に提示していたという事情に鑑みると、当該行為をもって真実の所得解明に困難が伴う状況を作出するための隠蔽又は仮装の行為と評価することは困難であると判断した。

5　請求人が隠蔽又は仮装の行為をしたと認定されるのを障害する事実（請求人に有利な事実）としては、

(ア)　真実の所得解明を困難にする意図と矛盾する行動、

(イ)　真実の所得解明を困難にする意図がないからこそとった行動、

(ウ)　真実の所得解明を困難にする意思の一貫性と矛盾する行動、

(エ)　真実の所得解明を困難にする意図があるならば、当然行っているであろう行動の不存在、

(オ)　真実の所得解明を困難にする意図以外の可能性がある事情、
などが考えられる。

　　上記の4の事情は、(ア)、(イ)、(ウ)に該当する。

●著者プロフィール

谷原　誠〔たにはら・まこと〕

弁護士・税理士
平成 6 年弁護士登録、東京弁護士会所属、東京税理士会所属。みらい総合法律事
務所代表パートナー。弁護士法人みらい総合法律事務所にて「税理士を守る会」
主宰

【著書】
『税務のわかる弁護士が教える 税理士損害賠償請求の防ぎ方』（ぎょうせい）
『税務のわかる弁護士が教える 税務調査における重加算税の回避ポイント』（ぎょ
　うせい）
『税務のわかる弁護士が教える 相続税業務に役立つ民法知識』（ぎょうせい）
『税務のわかる弁護士が教える 税務調査に役立つ " 整理表 " —納税者勝訴判決か
　ら導く " 七段論法 " —』（ぎょうせい）
『税理士 SOS 税理士を守る会 質疑応答集』（ロギカ書房）

【研修実績】
東京税理士会、北海道税理士会、東海税理士会、沖縄県税理士会、関東信越税理
士協同組合連合会、他多数。

これなら税務署も納得！

逆転裁決に学ぶ 税務調査の立証ポイント

令和 5 年11月30日　第 1 刷発行

著　者　谷原　誠

発　行　株式会社ぎょうせい

〒136-8575　東京都江東区新木場1-18-11
URL：https://gyosei.jp

フリーコール　0120-953-431

ぎょうせい　お問い合わせ　検索　https://gyosei.jp/inquiry/

〈検印省略〉

印刷　ぎょうせいデジタル株式会社　　　　　　　©2023　Printed in Japan

※乱丁・落丁本はお取り替えいたします。

※禁無断転載・複製

ISBN978-4-324-11353-0

(5108914-00-000)

〔略号：逆転立証〕